MARIANA MENDES

DE MÉDICA A PACIENTE!
DO CÂNCER AO PROPÓSITO DE VIDA!

CB138278

DO OUTRO LADO DA MESA

Literare Books
INTERNATIONAL
BRASIL · EUROPA · USA · JAPÃO

Copyright© 2024 by Literare Books International
Todos os direitos desta edição são reservados à Literare Books International.

Presidente do conselho:
Maurício Sita

Presidente:
Alessandra Ksenhuck

Vice-presidentes:
Cláudia Pires e Julyana Rosa

Diretora de projetos:
Gleide Santos

Coordenadora editorial:
Amanda Moura

Assistentes editoriais:
Júlia Almeida e Lui Navarro

Capa:
Andre Stenico

Projeto gráfico e diagramação:
Gabriel Uchima

Revisão:
Margot Cardoso e Letícia Pataquine

Impressão:
Printi

Dados Internacionais de Catalogação na Publicação (CIP)
(Câmara Brasileira do Livro, SP, Brasil)

Mendes, Mariana
Do outro lado da mesa : de médica a paciente! Do câncer ao propósito de vida! / Mariana Mendes. -- São Paulo : Literare Books International, 2024.

ISBN 978-65-5922-963-5

1. Médicos - Autobiografia 2. Pacientes com câncer - Autobiografia 3. Resiliência 4. Superação - Histórias de vida I. Título.

24-230830 CDD-610.92

Índices para catálogo sistemático:

1. Médicos : Autobiografia 610.92

Eliane de Freitas Leite - Bibliotecária - CRB 8/8415

Literare Books International.
Alameda dos Guatás, 102 – Saúde – São Paulo, SP.
CEP 04053-040
Fone: +55 (0**11) 2659-0968
site: www.literarebooks.com.br
e-mail: literare@literarebooks.com.br

MISTO
Papel | Apoiando o manejo florestal responsável
FSC® C196274

DEDICATÓRIA

Para você que se dispõe a olhar para uma tristeza tentando entendê-la e ressignificá-la; que busca, nos desafios, oportunidades para se aproximar do seu propósito, a ponto de impactar a vida dos que estão ao redor da sua mesa.

A vida acontece ao redor das mesas.

AGRADECIMENTOS

Não poderia começar de outra maneira, senão agradecendo a Deus pela minha vida e pela oportunidade de renascer após a experiência que poderia ter sido o meu fim. Eu sabia que Ele tinha planos maiores para mim e eu pude sentir paz, mesmo quando me deparei com o desafio do assombroso mar que se apresentou diante de mim. Eu clamei para que o mar se abrisse, e ele não abriu. Mas fui capaz de passar sobre as águas, com a certeza de que Ele estaria comigo todos os dias.

Dedico este livro ao meu marido Fabio, meu grande incentivador para realizar os meus sonhos – inclusive a escrita deste livro, meu parceiro de vida, de choro e de riso, que prometeu me amar na saúde e na doença, sem imaginar o que passaríamos juntos! Àquele que fez curativos, jantares, que vestia a minha peruca para alegrar a nossa casa, e que viu beleza quando eu só enxergava cicatriz, todo o meu amor.

Aos meus filhos, Giovana e Rafael, donos dos olhares mais acolhedores, dos sorrisos mais sinceros e dos abraços mais gostosos, que aliviam toda dor. Por eles, que são os meus maiores estímulos para prosseguir, sempre o meu melhor e o meu amor.

Também quero expressar profunda gratidão aos meus pais e aos meus irmãos, pela certeza de não estar sozinha, pelo apoio sem medida, por segurarem as cordas na retaguarda, sendo meu porto seguro desde pequena. Vocês me ensinaram a simplicidade e a beleza da vida. Ah, como eu amo vocês!

Aos familiares e amigos, que se fizeram presentes em cada manifestação de carinho e orações, agradeço por engrandecer a minha história com as lições deixadas em minha vida.

Aos meus médicos e à minha terapeuta, vocês foram fundamentais para que todas as experiências fossem vividas com mais leveza e confiança. Verdadeiros anjos que Deus colocou em meu caminho.

Às amigas da jornada oncológica, seus familiares e voluntários do Enlace, minha gratidão pelo que aprendi com vocês em cada conversa. Vocês me inspiraram nos relatos de muitas linhas deste livro.

A você que está segurando este livro, que ele lhe encoraje a buscar um novo olhar para aquilo que dói, lhe ajudando a desconstruir conceitos e construir tantos outros. É possível ressignificar. O meu processo de cura começou quando eu adoeci.

Qual o seu propósito de vida? Encorajo você a viver os dias com mais leveza e em consonância com a sua verdadeira essência. Enquanto isso, desfrute o caminho.

Vamos juntos?

PREFÁCIO

Por Bianka Fernandes

— Mas por que uma personagem careca?

Passo a mão no cabelo, inconformada.

"Tinham tantas outras personagens…"

Suspiro:

— Calma, Bianka!

Fecho os olhos por um instante e respiro fundo, tentando me recompor.

"Tudo tem um propósito!"

Essa cena da vida real aconteceu em meu apartamento, em meados de 2020, quando recebi o papel da nova novela em que iria atuar.

Pela minha trajetória, já acreditava piamente que nada na vida acontece por acaso. Eu já tinha experiência com novelas, mas estava arrasada com o fato de que em algum momento iria ter de raspar o cabelo.

"Estava tão lindo, tão cheio, tão comprido…"

Mas deixei o lamento de lado, com a certeza de que, em algum momento, aquele detalhe inesperado faria sentido.

"Eu só não sabia que seria algo tão grande…"

A estreia da Rainha Aat na telenovela iria acontecer no mesmo período da pandemia. E se eu achava que lidar com a falta do cabelo seria uma dificuldade, agora posso dizer, com toda certeza, que não foi nada perto do que veio depois.

Raspar o cabelo apenas me preparou para algo muito maior e significativo.

Suspiro:

— A minha família.

Nasci num seio familiar de muita amorosidade e alegria, embora eu tenha precisado de algumas décadas para me dar conta disso: do lar tão abençoado ao qual fui inserida.

"Que privilégio, meu Deus!"

A autora desta obra, *Do outro lado da mesa – De médica a paciente! Do câncer ao propósito de vida!*, Mariana Mendes, é ninguém mais, ninguém menos do que a minha irmã mais velha – mas ela não é só isso.

Desde criança, ela é referência para mim. Porque além de ela ser a irmã mais velha, ela sempre teve o ímpeto natural de cuidar das pessoas, gostava disso e exerceu esse dom a vida inteira, até hoje, quando encontrou seu maior propósito de vida.

Quando era menina, tinha a impressão de que ela era bem mais velha, devido ao fato de que, às vezes, exercia o papel de mãe, tanto na amorosidade quanto na autoridade.

Sinto vontade de rir:

— Nós temos quase a mesma idade.

"Mariana sempre quis ser médica..."

Balanço o pescoço para os lados:

— Como pode? Ela nasceu sabendo.

Diferente de mim, que segui a jornada da heroína em busca do caminho que era meu! Embora eu soubesse que queria ser atriz, tive que trilhar um rumo para isso.

"O que foi muito bom!"

De diferentes formas, tanto eu quanto ela sempre soubemos o que queríamos ser. Mas quando jovem, nem eu nem ninguém percebia esse detalhe.

A Mariana era referência para tudo.

Sussurro:

— A filha perfeita!

Além de já nascer sabendo o que iria exercer como profissão, só estudava e cuidava de tudo e de todos, sem reclamar e com um sorriso no rosto. Por tantas qualidades, e o desejo de um futuro bastante tradicional, ela ainda conheceu o amor da sua vida aos quatorze anos de idade e seguiu numa linha reta.

"Ela era a referência certa!"

— E eu?

Eu ouvia coisas do tipo:

— Ah, você quer ser atriz? Tem certeza?

E via um olhar ou nariz torto:

— Isso não é profissão...

— Vai se formar em outra coisa...

Então, quando adolescente, me rebelei! Queria achar o meu lugar, fazia teatro desde pequena e fui em busca do meu sonho.

Rio sozinha.

Naquela época, eu pensava que tínhamos histórias diferentes, mas hoje eu vejo com clareza o quanto elas são parecidas e nos uniram ainda mais.

"A mesma essência..."

Falo em voz alta, com orgulho:

— De mulheres fortes e amorosas.

Eu saí de casa, aos 17 anos, para morar na Itália; precisava me encontrar sem a interferência familiar. Fui viver o meu caminho, me permiti trilhá-lo com meus próprios pés.

Suspiro:

— Cresci!

Foram oito anos de carreira internacional como modelo, e depois me tornei atriz. E foi nesse processo de maturidade que passei a compreender melhor os desígnios da vida. Eu não tinha ideia de que minha família era tão incrível.

"Até a gravidez da Mariana acontecer."

A chegada de um novo membro da família, a Giovana, nos uniu como nunca antes. No auge de minha maturidade é assim que percebo. Foi depois desse ponto de nossas vidas que decidi passar todo aniversário com a minha família.

Não importa onde eu estou, com quem ou o que esteja fazendo. Pego o carro e dirijo por horas para estar com eles.

"Hoje, eu agarro todas as oportunidades que eu tenho de estar com a minha família!"

Eu estava gravando uma novela quando a Mariana entrou em trabalho de parto. Fui para a rodoviária e, no momento em que cheguei no hospital, sua filha nasceu. À noite, peguei um ônibus e voltei para gravar a novela outra vez.

A nossa trajetória de vida teve dois pontos que nos uniram intensamente. O primeiro foi o nascimento da Giovana e o segundo, veio alguns anos depois, quando vi que a Mariana também poderia ter algo que jamais tinha imaginado antes:

— Vulnerabilidade!

Ela era tão perfeita em todos os aspectos e vivia de forma tão certinha, que eu jamais poderia imaginar ouvir o que ouvi. Numa tarde, em sua lavanderia, ela me disse:

— Eu tenho medo dos meus filhos ficarem sem mãe.

Sinto um nó na garganta, só de lembrar.

"Foi devastador ouvir isso."

A notícia do seu câncer de mama era, ao mesmo tempo, uma incógnita e a certeza de que havia algum motivo para ela passar por isso.

Na minha cabeça, uma infinidade de diálogos com Ele se passaram em questão de segundos:

— Ela é perfeita, Deus, ela não merece. Isso não pode estar acontecendo com ela. A não ser que haja outro motivo.

"É isso!"

Então, minha reação foi muito rápida:

— Vai dar tudo certo, Mariana!

É claro que eu tive medo de que ela morresse, é uma doença devastadora, mas, de alguma forma, eu só conseguia pensar:

"Vai dar tudo certo, não vai dar nada de errado para a Mariana. Calma, isso veio para alguma coisa: para ensinar."

Até então, minha irmã mais velha e perfeita não demonstrava nada sobre sua própria vulnerabilidade, ela sempre se mostrou como uma fortaleza, não compartilhava nenhum medo. E eu, inconscientemente, só pensava que ela era forte e inabalável.

A doença transformou a Mariana, porque hoje em dia ela conversa sobre tudo; e isso nos aproximou, pois antes era só eu quem pedia conselho e, depois daquele momento, a situação se inverteu pela primeira vez na vida.

"Foram lições para mim e para todos da nossa família!"

Eu me vi movendo tudo no dia a dia para ficar com ela, seu marido, filhos, meu irmão e meus pais. Se a Covid veio para nos afastar, nos uniu ainda mais; assim como a trajetória da Mariana contra a doença.

"Essa luta virou nossa luta!"

Quando esse momento aconteceu, eu já havia raspado a cabeça para estrear as gravações da Rainha Aat. Já tinha iniciado o caminho de ficar careca pela primeira vez.

Embora tivesse sido um desafio, esse ato mudou a minha percepção como mulher, em tudo: eu estava segura de estar careca. No início, cheguei a fazer uma peruca com o meu cabelo natural, mas que pouco usei, porque, em duas semanas, percebi que me gostava sem cabelo. Se de um lado tinha perdido a proteção do cabelo, do outro, vi que podia ficar bonita e forte também sem ele.

Um dia no shopping, uma segurança me disse:

— Você está linda careca.

— Obrigada!

— Eu queria raspar minha cabeça também, mas meu marido não deixa.

Sorri:

— Se seu marido não gostar de você careca, ele não é para você!

"Foi um processo de autoconhecimento e de autoestima!"

Ali, eu percebi que poderia ser uma referência para as mulheres que não queriam seguir padrões preestabelecidos e podiam se sentir livres com suas vontades.

Quando eu conheci meu marido, eu estava careca. E sabia que ele iria mudar a minha vida.

"Quem se apaixonou por mim careca vai ter um extra: vai ter todas as minhas versões!"

Por causa da pandemia, as gravações não chegaram a acontecer e, por isso, meu cabelo estava crescendo outra vez, mas eu sabia que, em algum momento, iria raspar de novo.

Foi quando eu entendi o propósito que existia por trás daquela personagem, justo aquela, ter sido designada para mim:

— Não se tratava da minha vida profissional, mas da minha melhor amiga.

Sinto meus olhos se encherem de lágrimas.

Limpo meu rosto:

— Minha irmã!

"Que orgulho!"

Quando eu soube que ela faria quimioterapia e seguiria uma longa caminhada nesse sentido, torci para que ela não perdesse o cabelo; mas quase seis meses depois, recebi uma ligação da minha mãe:

— A Mari está triste, Bia!

— Por que, mãe?

Minha mãe suspira:

— Ela está perdendo o cabelo.

Senti um arrepio dos pés à cabeça, como se tudo fizesse sentido naquele telefonema.

Eu respondi:

— Eu vou raspar o cabelo com ela!

— Sério, filha?

— Vou dar força para ela!

Se eu não tivesse raspado o meu cabelo anteriormente, não teria essa empatia, porque não conheceria o processo e a minha desenvoltura positiva com ele.

"É isso! Foi por isso que me tornei a Rainha Aat!"

Tudo fez sentido e eu me senti grata por ter recebido tamanho presente.

"A minha vida profissional servindo a minha vida mais íntima!"

Eu já tinha uma nova percepção sobre estar sem cabelo e me sentia pronta para agora ser um esteio para minha irmã, quando ela já tinha sido o meu por tantas vezes na vida.

A Mariana organizou um encontro de família para que todos pudéssemos participar do dia em que decidiu raspar a cabeça. Minha mãe, meu pai, seu marido e seus filhos estavam lá, cada um raspando um pouco, quando eu comecei a fazer o mesmo do outro lado da tela do celular:

— Estamos juntas, minha irmã!

E eu chorava a emoção de estar ao lado dela, unindo forças no momento mais difícil de sua vida.

"O momento que ninguém compreendia, mas que todos abraçamos!"

Um tempo depois, eu me casei; e foi no dia do meu casamento que a Mariana finalmente se assumiu careca.

"Para ela levou mais tempo…"

— Assume, Mari, você está linda careca!

— Calma, Bia, é difícil!

Eu respeitei o seu tempo e senti o maior orgulho dela por ter escolhido o dia da minha união com meu marido para me presentear com sua libertação.

Se a vida inteira, a Mariana foi a minha irmã mais velha, nesse ponto, nossa relação se tornou de igual para igual, de irmã para irmã, simplesmente melhores amigas, mães, mulheres fortes e com consciência de nossa vulnerabilidade.

A luta da Mariana contra o câncer uniu a família e a direcionou para um propósito maior de vida.

Se a minha irmã mais velha já tinha sido minha ideia de perfeição a vida toda – e me surpreendeu por ter que vivenciar uma luta que parecia injusta –, eu ainda fui testemunha, com outras tantas mulheres, da direção que ela tomou com tudo isso:

— O Enlace!

Não satisfeita com as situações que as pacientes de câncer passam durante o tratamento, resolveu ela mesma mudar o mundo.

No meio da pandemia, ela criou o Enlace, projeto que apoia pacientes com câncer e leva a cada uma delas informação, acolhimento, carinho e uma escuta plena de suas dores, como o do maior medo que assombrou a vida da minha irmã.

Ouço o eco mais uma vez em minha cabeça:

— *Tenho medo de que meus filhos fiquem sem mãe.*

A maior dor da Mariana era também a de outras mães, e ela só tinha uma coisa em mente:

— Eu vou ajudar essas mulheres!

Com o apoio da minha mãe, que veio a ter o mesmo câncer em seguida e seguiu pela mesma trajetória, ambas deram as mãos e hoje atuam nesse projeto sem fins lucrativos – mas que doa, abraça, envolve e transborda.

Não tenho palavras para expressar o orgulho que sinto dessa autora e de sua obra tão bem intitulada: *Do outro lado da mesa – De médica a paciente! Do câncer ao propósito de vida!*

A Mariana vem mostrar que, num processo de cura, ninguém precisa ser forte o tempo todo e nem sozinha.

Eu, minha irmã e minha mãe temos umas às outras, uma rede de apoio, que por elas se perpetua através do Enlace todos os dias, com uma vontade inabalável de levar amor e presença a essas mulheres que passam pela mesma trajetória. Eu tenho muito orgulho de ser a embaixadora deste lindo projeto!

Se a Rainha Aat entrou na minha vida para me unir ainda mais à Mariana, o Enlace veio num lugar de transbordar!

Nesta vida, nada é por acaso, nem o fato de você estar lendo este livro e conhecendo a história da minha irmã e do nascimento do seu propósito maior: o Enlace!

Você também chegou até aqui por um motivo!

Se você está passando pela mesma luta, saiba que o Enlace abraça você, acolhe e escuta. Se você conhece alguém que está passando por isso e quer ajudar, aprender ou perguntar algo, o Enlace também é para você e para a pessoa que você conhece e deseja apoiar!

Mesmo que não conheça ninguém, essa história também pode significar algo para você, pois ela traz lições de superação, fé e resiliência, além do olhar ao próximo, do outro lado da mesa, que significa se colocar no lugar do outro, mesmo que a gente não tenha a mesma dor.

Então, eu lhe convido a se olhar por meio deste livro, se admirar e se permitir.

E depois, seja onde for, como for:

— Transborde!

SUMÁRIO

INTRODUÇÃO

"Até onde conseguimos discernir,
o único propósito da existência humana
é acender uma luz na escuridão
da mera existência."
Carl Jung

Quando começa o propósito de vida?

Uns têm a sorte de saber desde cedo para o que vieram a este mundo, haja visto crianças ainda pequenas que dizem: *"eu vou ser enfermeira"*, *"eu vou ser professora"*, *"eu serei advogado"*! E assim por diante.

Poucos parecem saber desde a infância a sua função neste mundo, mas seguem nesse caminho sem pestanejar.

Outros precisam dar voltas, sofrer algumas decepções e até acreditar que já estão dentro do propósito, para então experimentar uma reviravolta e descobrir o verdadeiro sentido de suas vidas.

Assim foi comigo, Mariana Mendes, médica, apaixonada por pessoas, pela medicina e pelas artes desde cedo.

Quando adolescente, eu ajudava a minha mãe, cuidando dos meus irmãos e apoiando nos afazeres domésticos. Nunca me ressenti por isso. Pelo contrário, já gostava de cuidar de pessoas!

Eu tinha conhecimento de alguns casos de doenças cardíacas na família e, sem me dar conta, segui o caminho na medicina e, depois, na cardiologia. Mas não parei por aí.

Numa trajetória quase linear, de equilíbrio e harmonia, eu conheci o meu marido ainda menina e iniciei ali o relacionamento que mantemos até hoje, bem como a minha trajetória na medicina, que começou no cursinho e seguiu em linha reta: da faculdade para a biblioteca, da biblioteca para a casa. Sem distrações!

Numa história que sempre pareceu toda certinha aos olhares alheios, o meu incômodo começou na própria medicina, que, dentro dos padrões, considera atendimentos centrados na doença como supostamente produtivos e eficientes, mas pouco acolhedores, pessoais e preventivos.

— Mariana, seus atendimentos são prolongados! Você conversa demais com os pacientes!

"Demorada, eu? Como assim?"

"Mas o que eu vou fazer no tempo reservado para o paciente, senão ouvi-lo e entender o que o trouxe até mim? O que estaria por trás daquela queixa? O que estaria causando o sintoma que levou aquele paciente a realizar o exame cardiológico comigo?

Uma coisa é certa: ao longo dos meus 13 anos de formada, pude perceber o poder da conversa acolhedora e da escuta atenta. O relógio não poderia ser o único determinante da consulta ou do exame. Antes de uma queixa ou de uma doença, tem uma pessoa ali!

Quem estaria deitado em um leito ou sentado do outro lado da mesa? Uma oportunidade fascinante surgia à minha frente.

Em cada exame que eu realizava, uma simples fala de boas-vindas poderia fazer a diferença no dia de alguém que adentrava aquela sala. Uma conversa terapêutica, por que não? E a agenda de exames era realizada da mesma forma, talvez com alguns minutos de atraso. E assim, se encerrava mais um dia de trabalho.

Em cada exame, uma arte; em cada escuta, um aprendizado. Eu voltava para casa gigante!

Em determinados momentos, me achei o patinho feio em alguns lugares onde atuava como médica, principalmente naqueles com agendas apertadas. Eu parecia, definitivamente, não me encaixar em certos modelos de atendimentos.

Foi então, no papel de paciente, realizando um exame de rotina, que veio a grande reviravolta na minha vida, em uma mamografia!

Numa história de dor, medo e superação, surge o propósito real da minha vida, uma médica que gosta de ouvir seus pacientes: o Projeto Enlace!

Foi na trajetória do câncer que eu descobri o meu verdadeiro propósito de vida, e, no caminho da medicina integrativa, que eu pude perceber finalmente:

— Eu não sou um patinho feio! Eu sou um cisne!

Após uma vida inteira dentro do melhor dos padrões, eu me redescobri: como ser humano, mulher, filha, esposa, irmã, mãe, médica e, principalmente, como paciente – do outro lado da mesa!

O medo de morrer e de faltar para os meus filhos pequenos me levou ao pior dos pensamentos:

"Meus filhos não podem me amar!"

Minha autocompreensão desapareceu. Eu me senti sozinha, mesmo cercada por uma amorosa rede de apoio. O que senti falta durante o meu tratamento, estando do outro lado da mesa, foi justamente o que eu ofereço no Enlace: o acolhimento, as trocas de experiências, o ouvir, a liberdade de sentir e, essencialmente, o estar ali, disponível para o que for.

Eu transformei o meu limão em limonada, sorvete, mousse e tudo o mais.

Embora, durante a minha jornada, por vezes, eu não tenha me reconhecido no espelho, vi dentro de mim o reflexo mais poderoso que poderia ver: a minha vocação em favor da vida, do amor, da família e do outro, independentemente de quem o outro seja.

Olhei fundo em meus próprios olhos e mesmo, em dado momento, sem cabelo e com cicatriz, falei para mim, sem nenhuma dúvida:

— Eu sou um grande cisne!

Capítulo 1

A EXISTÊNCIA NO MEU MUNDO COMUM

"O que não provoca minha morte faz com que eu fique mais forte."
Friedrich Nietzsche

Câncer de mama: vamos falar sobre isso?

Embora seja um tema difícil de tratar, falar abertamente sobre o câncer pode ajudar a esclarecer mitos e verdades e, com isso, aumentar o conhecimento e diminuir o temor associado à doença.

Fonte: Instituto Nacional de Câncer (INCA).

O que é câncer de mama?

É uma doença resultante da multiplicação de células anormais da mama, que forma um tumor com potencial de invadir outros órgãos. Há vários tipos de câncer de mama. Alguns se desenvolvem rapidamente, e outros, não. A maioria dos casos tem boa resposta ao tratamento, principalmente quando diagnosticado e tratado no início.

Fonte: Instituto Nacional de Câncer (INCA).

O que causa o câncer de mama?

Não há uma causa única. Entre os principais fatores de risco envolvidos estão a idade, histórico pessoal e familiar, raça, dieta e atividade física, além, é claro, do sexo feminino. Quanto maior a idade, maior também é o risco isolado para o desenvolvimento do câncer de mama. A idade média no momento do diagnóstico é de 60 anos, o que não significa que uma mulher entre os 20 e 40 anos não possa vir a apresentar a doença, com menor probabilidade.

Fonte: Sociedade Brasileira de Mastologia.

O câncer de mama é comum no Brasil?

Sim. É o tipo mais comum, depois do câncer de pele, e também é o que causa mais mortes por câncer em mulheres.

- **Em 2023, 73.610 casos novos estimados.**
- **Em 2021, 18.139 mortes.**

Fonte: Instituto Nacional de Câncer (INCA).

É possível reduzir o risco de câncer de mama?

Sim. Manter o peso corporal adequado, praticar atividade física e evitar o consumo de bebidas alcoólicas ajudam a reduzir o risco de câncer de mama. A amamentação também é considerada um fator protetor.

Fonte: Instituto Nacional de Câncer (INCA).

Você sabia?

Homens também podem ter câncer de mama, mas isso é raro (apenas 1% dos casos).

Fonte: Instituto Nacional de Câncer (INCA).

Uma a cada oito mulheres pode ter câncer de mama ao longo da vida.

Fonte: Sociedade Americana de Câncer.

Fontes:

AMERICAN CANCER SOCIETY. *American Cancer Society*. Disponível em: https://www.cancer.org/. Acesso em: 04 out. 2024.

INSTITUTO NACIONAL DE CÂNCER (INCA). *Cartilha: câncer de mama*. 2023. Disponível em: https://www.inca.gov.br/sites/ufu.sti.inca.local/files//media/document//cartilha_cancer_de_mama_2022_visualizacao.pdf. Acesso em: 28 set. 2024.

SOCIEDADE Brasileira de Mastologia. Conheça os fatores de risco mais importantes para ter câncer de mama. *Sociedade Brasileira de Mastologia*. Disponível em: https://www.sbmastologia.com.br/conheca-os-fatores-de-risco-mais-importantes-para-ter-cancer-de-mama-2/. Acesso em: 27 set. 2024.

O VEREDITO

Sinto a areia morna sob os meus pés. Limpo a lágrima que corre pelo meu rosto e olho para trás.

Sorrio e respiro fundo, tentando conter a ansiedade.

Olho para o céu:

— Por favor, Senhor, não permita que seja câncer.

No horário combinado, pego o telefone e atendo:

— Bom dia, doutora!

Meu coração parece que vai sair pela boca.

Olho novamente para trás e falo com Deus, internamente:

— Olha os meus filhos ali…

"Foco, Mariana. Foco!"

Volto minha atenção para o telefonema:

— E então, doutora? O que deu?

Ouço ela limpar a garganta, antes de falar:

— Então, Mariana, sem mais rodeios…

— Hum.

Embora ela seja rápida e objetiva, o milésimo de segundo entre a primeira e a segunda frase parece fazer meu coração parar. Eu nem respiro.

Então, ela dá o veredito:

— É câncer, Mariana! Vai dar tudo certo.

"Vai dar certo?"

Olho para o céu, querendo brigar com Deus.

Não consigo entoar uma palavra sequer.

Minha médica continua:

— Você descobriu a tempo, assim que você voltar de viagem, nós vamos programar a cirurgia e iniciar seu tratamento.

— Hum.

Esforço-me para manter a sensatez, clareza e entendimento sobre este momento da minha vida. Olho ao meu redor e, do lado de fora, vejo um paraíso: o mar, o céu azul, pássaros, as crianças brincando e meu marido ao lado delas.

"Esse resort é tão lindo…"

Respiro.

Por dentro, um furacão, um tsunami e um terremoto abalando todas as minhas estruturas.

Minha atenção se volta para a médica, que continua a me apoiar e me presentear com sua generosidade e esperança:

— Eu vou cuidar de você, Mariana. Além de sua ginecologista, eu sou mastologista!

Finalmente consigo balbuciar alguma coisa:

— Eu não sabia… obrigada!

Encho o peito e solto o ar, devagar.

Ela termina:

— Aproveite a viagem, aproveite seu marido, seus filhos. Você está no início das suas férias. Depois você pensa nisso. Tudo bem?

— Tudo, obrigada.

Sem mais, desligo o telefone e caio no choro, enquanto observo as ondas do mar vindo em direção à areia e voltando para o infinito.

"Como pode o mundo estar tão lindo do lado de fora, quando por dentro eu estou desmoronando?"

Olho para os meus filhos, Giovana e Rafael, tão pequenos. Quatro e um ano e meio de idade, respectivamente.

Choro profundamente e miro para o céu:

— Por que, Senhor? Por quê? Por que eu? Eu sempre tive uma vida toda certinha, sempre andei em linha reta. O que eu fiz para merecer isso?

Limpo o rosto na canga e aponto o dedo discretamente para meus filhos, mostrando para Ele:

— O que vai ser dessas crianças sem mãe? Como o Senhor permitiu que isso acontecesse comigo? Por que, meu Deus? Por quê?

Eu choro.

Choro…

E choro.

COMO TUDO COMEÇOU

Sou a filha primogênita de seu Braz e de dona Venúzia. Somos todos da cidade de Santos e boa parte da minha vida foi ali, brincando na rua, indo da casa para a escola, da escola para casa e de casa para a igreja.

Meus pais e meus irmãos, Bruno e Bianka, foram, por um bom tempo, todo o meu mundo. Foi no seio familiar que me descobri como ser humano pela primeira vez. Dentro de uma família, hoje sabidamente bem estruturada, eu achava que todo mundo vivia como eu.

Observo o companheirismo dos meus pais, envelhecendo juntos, ao longo dos seus 43 anos de casados. Foi ali, dentro do apartamento que morei a vida toda, que eu cresci sob a proteção e o amor dos meus. Porém, por muitas vezes, acreditei que eu era a pessoa que tinha que cuidar de todos. Simplesmente, deve fazer parte de quem eu sou. Eu gosto de cuidar do outro e ponto final. Faltam-me justificativas.

— Eu não sou um patinho feio! Não sou!

Muitas vezes, sou procurada pelas pessoas que trabalham comigo, quando elas estão passando por uma situação em que se encontram do outro lado da mesa, talvez pela minha amorosidade e paciência em ouvi-las. Afinal, numa situação de doença, na vulnerabilidade da vida, até os profissionais de saúde gostam de ser vistos e ouvidos. Como faz diferença olhar nos olhos, mesmo estando na penumbra de uma sala de exames ecocardiográficos.

Eu não segui o caminho do meu pai como administrador de empresas; e nem o da minha mãe como professora, mas os segui na vida espiritual e crenças. Somos cristãos e só Deus sabe como a fé foi essencial em minha jornada. E continua sendo. Diante dos momentos desafiadores, trazer à memória que a graça de Deus permanece em mim me deu esperança e me manteve de pé.

Meu pai foi acometido por uma doença ocupacional, quando eu ainda era adolescente. A diminuição dos leucócitos no corpo dele não foi responsável só pela sua falta de ocupação laboral depois disso, mas também pela falta de ânimo. Ele não foi mais o mesmo. Desde então, em seu silêncio, carrega um estado de desânimo.

Conviver com essa nova realidade despertou em mim um desejo ainda maior de cuidar dele e da família. A sua falta de ânimo talvez tenha desenvolvido a minha vontade de encorajar e de mostrar que ainda existe um sol nos dias em que a vida parece nublada.

Através da maturidade e do entendimento da vida, entendi o jeito do meu pai me amar, estando ali, ao meu lado, cuidando dos detalhes, sendo presente. Ainda que em silêncio.

Diante das dificuldades, aprendemos, no seio familiar, a não desanimar e a não desistir, sabendo que era necessário fazer a nossa parte, segurando um na mão do outro, mesmo confiando na provisão de Deus. Olhávamos juntos para o alto, de onde vinha o nosso socorro.

O fato de ser a primogênita me fez estar atenta à dinâmica familiar, às suas necessidades, desenvolvendo um senso de responsabilidade, de pertencimento e de união.

Em um determinado momento, minha mãe precisou aumentar a carga horária de trabalho e eu passei a ajudar ainda mais nos cuidados com a casa e com os meus irmãos. E, embora isso possa ser visto como um peso, para mim foi algo saudável, pois eu já comecei a exercer a minha vocação: do cuidado!

Dancei conforme a música. Aprendi com a minha família! Cremos no cuidado e na provisão divina, mas entendemos que temos a nossa parte no processo. Precisávamos fazer escolhas para agir diante dos obstáculos. Não ficávamos pensando no que tinha acontecido, no que deveria acontecer ou qualquer coisa do tipo. Vivíamos e pronto! Com ousadia, coragem, fé e esperança.

A verdade é que, inconscientemente, eu me sentia responsável pelos meus irmãos. E, às vezes, ou muitas, pelo meu pai e pela minha mãe. Talvez esse sentimento tenha perdurado por um bom tempo, mas, depois da grande reviravolta em minha vida, isso amenizou bastante.

Repito, com mais intensidade, o padrão da minha mãe, que sempre foi o nosso pilar, forte e resolutiva, mas, ao mesmo tempo, doce e carinhosa. Também a puxei no comportamento, enquanto a aparência, as habilidades manuais e o perfeccionismo são do meu pai. Aprendi com os erros e acertos deles.

Eu, minha mãe e minha irmã somos, praticamente, melhores amigas.

Sim, eu sei que vivo numa bolha, mas demorei a perceber isso. Ter uma família equilibrada e amorosa é um privilégio que reconheço e agradeço a Deus por isso.

Temos nossas peculiaridades. Somos uma família real, temos defeitos e qualidades, erramos mesmo buscando acertar.

É importante saber reconhecer os pontos positivos, na vida e em nós mesmos. Entender a realidade como ela se apresenta e não como gostaríamos que ela fosse. Afinal, o sapato aperta em lugares e momentos diferentes para cada um de nós.

O que temos de bom, agradecemos e melhoramos.

O que temos de ruim, também!

"A gente aprende! Amadurece! Cresce!"

Esse é o cenário da minha vida.

POR QUE EU ESCOLHI SER MÉDICA?

Porque eu queria cuidar!

Queria cuidar de quem eu amava, dos bichos, dos amigos da igreja, da escola, dos meus vizinhos e de quem quer que fosse.

Eu nasci assim. Cresci assim. E pelo jeito, vou ser sempre assim.

Nossa família sempre teve um olhar atento às necessidades do próximo, o que também justifica a minha tendência e vontade constante de ajudar. Algo natural, como se fizesse parte do modo de vida, sem interesse, sem esperar pelo retorno.

"Eu quero salvar todo mundo, meu Deus. Como eu faço?"

Por que a cardiologia? Talvez pelo histórico familiar de doença cardiovascular e a idealização de cuidar da família através da minha especialidade? Não sei.

Quanto mais estudava, mais me fascinava o mecanismo fisiológico dessa bomba muscular tão vital. A cada exame realizado, era possível visualizar o dinamismo e a anatomia do coração. Registrá-lo em imagens, dentro das variações de tons branco, cinza e preto, era uma maneira de expressá-lo através de uma arte, mesmo que monocromática, repleta de encanto, movimento e de esperança. Afinal, ouço muito os pacientes perguntarem, ao término de cada exame:

— Estou vivo, doutora?

Cada exame é uma arte para mim, uma imagem única, que não se repete e tem beleza própria. É algo vivo representado ali!

O coração parece estar relacionado à vida, à vitalidade para realizar e continuar existindo. A vida pulsa. Temos a necessidade de ouvir o som do coração durante o exame, seja no ecocardiograma ou em uma ultrassonografia fetal. O som do coração nos lembra que estamos vivos! Nessa especialidade, descobri que ouvir esse som traz alívio e lembranças emocionais a alguns pacientes. Já conheci muitas histórias após os pacientes ouvirem o som de seus corações. Silêncios são rompidos, corações são abertos.

Quantas dores originadas além do sistema cardiovascular! Ao longo dos anos, os sons desses batimentos vitais revelaram histórias cujos ritmos eram emocionalmente descompassados, mesmo na ausência de arritmias patológicas. Sentiam dor. Uma dor real, quase sufocante, muitas vezes não justificada por alterações patológicas orgânicas.

O coração une, no mesmo sistema, o sangue oxigenado, arterial – que nutre as células do corpo –, com o sangue venoso que retorna ao coração, direcionando-o até o pulmão, onde será enriquecido com oxigênio novamente. É sobre vida! Sobre o pulsar de emoções, que une vivências boas com as não tão boas, ressignificando, oxigenando novamente e vivendo como a vida se apresenta. Um ciclo que se renova a cada batimento vital.

Complexo, né?

A medicina não pode ser reduzida a uma profissão técnica! É fundamental olhar o lado humano, e nada melhor do que exemplificar com o simbolismo do coração. Acredito que os sintomas poderão ser melhor compreendidos quando olhamos além das queixas físicas, estando atentos aos aspectos emocionais e culturais. A bomba impulsionadora do sangue, o coração, pode ser o centro da vida, mas também o centro da coragem e da razão.

Sentado à sua frente, talvez tenha alguém precisando de ajuda além do remédio, de uma força impulsora, um olhar integral. Basta olhar com atenção para o outro lado da mesa.

ADOLESCÊNCIA

Minha primeira virada de chave na vida foi quando comecei a namorar o meu marido.

Sim, sim, eu só tive um relacionamento até hoje!

Nós crescemos na mesma igreja e éramos melhores amigos. Até que um belo dia ele me pediu em namoro.

Eu fiquei boquiaberta:

— Como assim você quer namorar comigo? Nós somos melhores amigos.

E talvez aí esteja o nosso maior segredo. São 16 anos de casados, dois filhos, três cachorros, um câncer, um projeto e centenas de pessoas. Seguindo para milhares, se Deus assim nos permitir!

Durante o namoro, trocamos cartas numa época em que celular era algo difícil e caro. Não existia a facilidade do WhatsApp.

Eu sempre gostei de estudar e por isso estudava muito. Nunca foi um sacrifício, mas parte de quem eu era.

Com 15 anos eu já sabia que queria ser médica, e eu já tinha sido avisada de que precisaria estudar muito para isso.

Embora eu tenha começado a namorar nessa época, eu nunca perdi o foco. A medicina e a vontade de me profissionalizar para cuidar do mundo todo ainda vinham em primeiro lugar.

Felizmente, hoje eu sei, eu e meu marido somos muito parecidos e por isso deu tão certo. Se de um lado eu tinha em mente toda a trajetória certinha da minha vida, ele, do lado de lá, também. Nossos objetivos coincidiam, além de termos um temperamento absolutamente semelhante.

A arte de liderar e de autoliderar estavam em mim desde pequena. Era líder na igreja, gostava de me comunicar e ajudar ali também. Primeiro liderei meninas e depois mulheres.

A liderança em mim me permitia trilhar o meu caminho, com foco e disciplina. Eu não me perdi.

MODELO PADRÃO

Sempre fui considerada modelo de tudo e sofri com isso.

"Como assim eu sou modelo? Eu sou normal!"

Nunca consegui entender, enquanto jovem, porque as pessoas diziam que eu era um modelo. A filha ideal, a aluna ideal, vinda de uma família ideal, até casar com o meu marido e ter o relacionamento considerado ideal.

"Mas como assim? Eu sempre tive problemas como todo mundo!"

De alguma maneira, o fato dos demais me verem como uma pessoa certinha me impulsionava a ser uma pessoa melhor. Eu já era perfeccionista, era algo inerente a mim.

Quando alguém me dizia que eu era modelo, parecia reforçar ainda mais a necessidade que eu tinha de não errar.

Não foi fácil, embora agora eu entenda com clareza o que as pessoas queriam dizer.

Infelizmente, em nossa sociedade, a maioria das famílias vivem em algum nível de desequilíbrio: os relacionamentos são ruins, de fachada, há muitas brigas, rupturas, desrespeito, traições, vícios ou coisas do tipo. Eu nunca julguei esse fato, mas percebo que não vivia nada disso. E, por isso mesmo, estava numa bolha de proteção, que não me preparou tão bem para o que veio depois.

E quem é que sabe quando o sofrimento chega?

Enfrentar a morte iminente pode ser uma dor ainda maior do que viver num ambiente desequilibrado, porque também desequilibra, balança, chacoalha, cabendo a nós enfrentarmos essa experiência, saindo ilesos de tal situação. Mas a grande verdade é que ninguém sai ileso: saímos outra pessoa.

Uma nova pessoa!

TERAPIA

Por incrível que pareça, eu comecei a fazer terapia no início da juventude e nunca mais parei.

Foi na época do cursinho. Para aliviar a pressão que eu colocava em mim mesma, descobri o autoconhecimento cedo. E esse tem sido um dos maiores privilégios em minha jornada: me conhecer, me descobrir e, por muitas vezes, me redescobrir, me desconstruir e me reinventar.

Foi um bem necessário, especialmente porque muitas vezes eu ouvi comentários de pessoas que não viam a situação com a clareza que eu já via. E poderiam ter sido comentários desastrosos, se eu não estivesse bem certa de quem eu era e de tudo o que queria.

— Talvez se você não passar no vestibular de novo seja um sinal de Deus, Mariana. Pode ser que Ele não queira que você seja médica.

"Será?!"

Mas logo depois, eu dava de ombros.

"Ele quer sim!" Eu tinha essa certeza e sentia paz. *"Ele quer que eu seja forte!"*

FINALMENTE, A FACULDADE!

Eu soube aproveitar as chances que tive. Do meu jeito, da maneira que dei conta. Como meus pais me permitiram apenas estudar, entendi que essa era a minha única obrigação e eu não desperdiçaria essa oportunidade.

Fiz alguns anos de cursinho preparatório para o vestibular. Adorava escrever e conseguia boas notas nas redações. Certamente, as correspondências sem fim com meu marido, na juventude, me ajudaram a aprimorar a minha escrita.

"Bendita época sem e-mail ou celular!"

Passei no vestibular!

"Obrigada, meu Deus! Eu vou honrar todo o sacrifício e orgulho dos meus pais por mim!"

Na faculdade, experimentei a realização de um sonho. Aprendi técnicas para cuidar melhor. Conheci mestres nesta especialidade, maneiras para diminuir o sofrimento e remédios para aliviar a dor. Estaria cientificamente graduada para cuidar.

INFLUENCIADORA BEM MAIS DO QUE INFLUENCIADA

Receber elogio é um desafio para mim. Sempre achei que não fiz mais do que a minha obrigação.

"O tal do perfeccionismo!"

Na faculdade, isso não foi diferente. Eu tinha foco, objetivo e nunca desviei do caminho que trilhei para mim. Eu tirava boas notas. Ocupava o meu tempo estudando. Meu lazer era bater papo com as amigas dentro da república, praticamente um internato. A única festa que eu fui, foi a de formatura.

"Acredite se quiser!"

Um dia, o meu médico me questionou:

— Você tem certeza de que estudou medicina?

Isso porque, numa consulta, ele se surpreendeu com o fato de eu nunca ter bebido, fumado ou frequentado as festas tão constantes na faculdade.

Já do meu ponto de vista, eu soube aproveitar as oportunidades que a vida me deu. Eu vivia na biblioteca, aproveitava tudo, fui monitora, depois atuei como estagiária e amei essa fase.

Sofri por estar sozinha, mas ao mesmo tempo fui feliz.

Eu sei quem eu sou!

E sei aonde eu quero chegar!

Até aquele momento, eu ainda não sabia que era um cisne, mas um dia iria descobrir!

Capítulo 2

DEPARANDO-ME COM O DESAFIO

"Aprendi com as primaveras a deixar-me cortar e a voltar sempre inteira."

Cecília Meireles

O câncer é, na maioria das vezes, descoberto pelas mulheres de forma casual, sem a necessidade de uma técnica específica a ser ensinada às mulheres para que realizem o autoexame.
Para facilitar a identificação, veja alguns sinais de alerta:

- Nódulo (caroço), fixo e geralmente indolor: é a principal manifestação da doença, estando presente em cerca de 90% dos casos.
- Pele da mama avermelhada, retraída ou parecida com casca de laranja.
- Alterações no bico do peito (mamilo).
- Pequenos nódulos nas axilas ou no pescoço.
- Saída espontânea de líquido anormal pelos mamilos.

Fonte: Instituto Nacional do Câncer (INCA).

Suas mamas são únicas, assim como você.
É comum que uma das mamas seja maior que a outra ou que tenham formatos diferentes. Quando a mulher conhece bem o seu corpo, ela pode perceber mudanças que são normais nas mamas e ficar alerta para um sinal ou sintoma suspeito de câncer de mama.

Fonte: Instituto Nacional de Câncer (INCA).

Mamografia é essencial quando falamos de diagnóstico precoce. Segundo a Sociedade Brasileira de Mastologia (SBM), o exame é o mais indicado para a detecção do câncer nos estágios iniciais e recomenda-se o exame para todas as mulheres a partir dos 40 anos, uma vez por ano, mesmo sem nenhum sintoma.

Fonte: Sociedade Brasileira de Mastologia.

Fontes:
INSTITUTO NACIONAL DE CÂNCER (INCA). *Cartilha: câncer de mama*. 2023. Disponível em: https://www.inca.gov.br/sites/ufu.sti.inca.local/files//media/document//cartilha_cancer_de_mama_2022_visualizacao.pdf. Acesso em: 28 set. 2024.
SOCIEDADE Brasileira de Mastologia. Conheça os fatores de risco mais importantes para ter câncer de mama. *Sociedade Brasileira de Mastologia*. Disponível em: https://www.sbmastologia.com.br/conheca-os-fatores-de-risco-mais-importantes-para-ter-cancer-de-mama-2/. Acesso em: 27 set. 2024.

A ERA DOS EXCESSOS!

Nós nunca vivemos um momento na história em que se comentasse tanto sobre: terapia, autoconhecimento, consciência, evolução, inteligência emocional, empatia, amorosidade e tanto mais, como hoje em dia. Da mesma maneira, presenciamos tantos novos transtornos psicológicos e psiquiátricos, como depressão (sendo a maior doença do século), ansiedade, síndrome do pânico, *burnout* e tantos outros.

Vivemos a era dos excessos: excesso de informação, excesso de conteúdo, excesso de oportunidades, excesso de trabalho, excesso de comunicação, excesso de *fake news*.

Até excesso de felicidade, você acredita? Parece que vivemos uma geração que necessita expor que está sempre feliz! Basta olhar as nossas redes sociais para encontrarmos publicações de pessoas quase sempre felizes!

A felicidade como um estilo de vida, sonhada por muitos, bem ao alcance das nossas mãos. Será que vivemos com a claridade perfeita, no cenário ideal, com a profundidade adequada e com o enquadramento alinhado como nas postagens? Não! Nem sempre a vida se mostra da maneira ideal, sendo o grande desafio vivê-la como ela se apresenta, e não como desejamos que ela seja.

Precisamos buscar a nossa felicidade, sim! Aquela felicidade que se encaixa à nossa realidade, que seja legítima e intrínseca, que faça sentido aos nossos mais sinceros desejos e propósitos. Caso contrário, pode gerar frustração, uma vez que esse excesso de informações e de realidades pode nos distanciar da nossa essência e de quem verdadeiramente somos.

Muitas vezes, de forma inconsciente, a nossa intenção é viver a realidade do outro, em busca da idealizada felicidade, podendo esbarrar em um mecanismo frágil e equivocado do nosso processo de formação emocional; visto que o fluxo saudável da vida é composto tanto por momentos felizes quanto pelos desafiadores.

No processo de doença, parece que entramos em contato com uma versão fragilizada nossa. Afinal, parece que estamos nos distanciando da tão almejada vida feliz e ideal. Como vamos lidar com uma dor e um sofrimento, se não sabemos nem quem somos de verdade? Como poderemos viver esse desafio, se a realidade na qual nos apoiamos não é nossa?

Reconhecer a nossa humanidade, aceitando e acolhendo a nossa vulnerabilidade, é um grande passo. O desafio é escolher como lidar com essa fragilidade. Elaborar internamente antes de torná-la pública ou expô-la, se fortalecendo com o que recebe do outro?

Nós nos encontramos em uma jornada solitária, mesmo cercados por redes de apoio e por uma realidade aceita como perfeita e saudável. A vida real não permite edição, mas podemos utilizar os filtros dos nossos recursos emocionais para modificar o tom da vida, criando uma nova mentalidade.

COMO FICA O SER HUMANO COM TUDO ISSO?

Vivemos o excesso de informações.

Muitas vezes, sentimo-nos impotentes num mundo cada vez mais rápido e impermanente, no qual antigos valores, como a família, a ancestralidade e a hierarquia, parecem perder a sua força.

Com as máquinas e as telas, diminuímos o nosso contato social, abraçamos cada vez menos e nos fechamos cada vez mais.

Perdemos a possibilidade do diálogo, dos olhos nos olhos, de um sorriso e um bom dia, assim como a oportunidade de falar sobre pequenos problemas e o pedido de ajuda para uma solução.

Em vez disso, apenas ouvimos uma sequência de regras, dentre as quais devemos descobrir nosso problema e solucioná-lo sozinhos.

Não nos sentimos assim em outros aspectos em relação à própria vida?

Nossos filhos, as crianças e os adolescentes parecem ser os mais afetados pela rapidez da tecnologia.

Eles cresceram em um mundo novo, maior, mais rápido e mais perigoso, alguns passaram a infância em locais fechados, diferente de mim e dos meus pais, que tivemos a oportunidade de brincar livremente nas ruas.

Muitas crianças, em vez disso, cresceram olhando telas: de televisão, de celular, de *tablet*, de *videogame* e de computador.

Eles passaram a assistir a vida ao invés de vivê-la, crescendo e se moldando ao mundo tecnológico e virtual, com menos toque humano e mais toque na tela, sem diálogo e brincadeiras de verdade.

Perderam o vento batendo em seus rostinhos ao ar livre, assim como as brincadeiras de pega-pega e esconde-esconde, livres na calçada e nas ruas de suas casas com portas abertas.

Como fica a nossa saúde mental neste mundo que cresceu e se desenvolveu, vertiginosamente, bem diante de nossos olhos?

Se nós temos a sensação de estarmos num mundo que parece produzir muito mais do que o possível nas 24 horas que se apresentam, qual será a sensação de nossos filhos que começaram num ponto onde para nós significa o início de toda essa rapidez?

A nossa saúde física e emocional é diretamente afetada por tudo isso.

A TRÍADE DO SER HUMANO

Como médica, ainda na universidade e depois na residência, sempre me questionei sobre a rapidez nos atendimentos dos pacientes.

Sabemos que os hospitais públicos têm processos moldados de acordo com a quantidade de pessoas que recebem, levando em consideração o orçamento público que possuem, o que resulta na necessidade de velocidade para dar conta de todos que chegam.

Porém, infelizmente, o que tenho visto é que independentemente do lugar, público ou privado, grande ou pequeno, a maioria reproduz o automatismo do atendimento. E sempre me perguntei:

— Mas tem que ser assim?

Durante a minha residência, tinha um enorme prazer em conversar com meus pacientes, um a um, para compreender os motivos que os fizeram chegar até mim: é mesmo uma dor no peito típica? Ou será a perda de um relacionamento? A demissão de um emprego? Uma depressão? Uma síndrome do pânico? A saudade de um filho? Ou simplesmente a falta de um sentido na vida?

Algumas vezes, fui criticada por colegas de trabalho por não ser mais rápida nos atendimentos; enquanto, do meu ponto de vista, eu estava investigando a possível origem dos problemas de saúde do meu paciente.

Em muitos casos, pude perceber o quanto as desordens emocionais e culturais estavam presentes nos relatos.

Foi então que me despertou o desejo de entender mais sobre o simbolismo do coração, como o pulsar das emoções e o sentido da vida.

DE ONDE VEM ESSA DOR NO PEITO, SEU ZÉ?

— Então, o senhor está brigado com a sua filha, Seu Zé?

O paciente ainda soluça e funga, enquanto tenta se recompor do choro.

Eu toco seu ombro com delicadeza:

— Não fica assim, não, Seu Zé. Pede desculpas para ela! Já pensou em pedir desculpas?

Ele balança o pescoço, concordando comigo e se levanta da maca.

— Obrigado, dra. Mariana, foi muito bom vir aqui hoje.

Eu coloco a mão no ombro dele para me despedir:

— O senhor não tem nada alterado em seu exame. Continue a investigação proposta pelo seu médico, mas veja se há algum hábito a ser alterado para viver melhor. Talvez essa angústia possa ser saudade da sua filha. Vai resolver isso aí, não vai?

Ele sorri:

— Vou!

Eu rio e abro a porta para ele sair; me despeço:

— Deus abençoe, Seu Zé!

Enquanto ele sai, um superior da clínica entra de cara amarrada.

"O que será que aconteceu?"

Eu fecho a porta e pergunto:

— Aconteceu alguma coisa?

Ele fica de pé, olhando sério para mim:

— Mariana, você conversa muito, não pode dar ouvido aos pacientes. Eles falam demais!

"Eu não acredito no que estou ouvindo!"

— Você não tem que resolver a vida de quem vem aqui.

E sai.

Eu sussurro:

— Não acredito.

Ele fecha a porta.

Balanço a cabeça para os lados, ainda atordoada com o pouco caso em relação aos pacientes.

Ponho a mão sobre a boca.

"Ai, meu Deus!"

Eu completei alguns anos de trabalho nesse local e, posso afirmar, foram anos desafiadores da minha vida profissional.

Foi quando eu comecei a me sentir o patinho feio, já que eu buscava um atendimento personalizado, empático e integrado em relação ao paciente.

Ao voltar para casa, me sentia frustrada, mas carregava uma certeza:

"Aquele não é o meu lugar!"

COMO FUNCIONA NOSSA TRÍADE?

Apesar da medicina tradicional, hoje em dia, levar em consideração o estado emocional do paciente na saúde física, eu sempre entendi o quanto a psique e as emoções de um indivíduo estão interligadas.

Basicamente, somos uma tríade: corpo, mente e emoção. Temos também as vertentes espiritual e social, mas falando de medicina, vou levar em consideração aqui apenas os três primeiros.

Um corpo doente não permite que uma pessoa se sinta alegre.

Uma mente triste não permite que o corpo se movimente livremente.

Uma emoção negativa não permite uma mente produtiva e um corpo leve.

Saúde significa o equilíbrio entre diversos pilares, como um corpo saudável, uma mente saudável e emoções saudáveis.

MINHA PERCEPÇÃO COM OLHAR MÉDICO

"Sua visão vai ser mais claramente desvendada apenas quando observar de coração. Aquele que olha para fora, sonha. Quem observa em seu interior, desperta"

Carl Jung

A vida é uma dança e um equilíbrio sem fim. Hoje estamos bem no trabalho e na família, mas amanhã podemos adoecer.

Amanhã podemos nos curar de uma doença e nos tornarmos saudáveis outra vez, mas passar por um divórcio ou uma demissão no emprego. E assim por diante.

Não existe perfeição ou uma vida sem problemas, mas uma busca pelo equilíbrio diário, com os nossos pensamentos, espiritualidade, controle das emoções, qualidade do sono e das relações, alimentação balanceada e prática de atividades físicas.

O olhar sobre a medicina que engloba corpo, mente e emoção é o que eu sempre tive, e hoje está sendo pautado em novas áreas da medicina como a Medicina Integrativa, por exemplo.

Tudo o que vivi me proporcionou força, amadurecimento e experiência.

Reforçou em mim o olhar amoroso sobre o meu paciente e sobre mim mesma, pois também percebi que a amorosidade deve ser direcionada para nós, como um sinal de amor-próprio e autorrespeito.

Quando eu atendo um paciente, procuro entendê-lo.

E mais do que fazer uma sequência de perguntas, eu me proponho a ouvi-lo.

No fundo, acredito que todo ser humano sabe o que precisa ser dito numa consulta, talvez, de forma inconsciente, ele mesmo saiba a causa raiz de suas queixas e problemas de saúde.

"Saber ouvir é tão ou
mais importante que saber falar."
Augusto Cury

Afinal, todo mundo sabe onde o sapato aperta, não é mesmo? Somos todos seres frágeis, vulneráveis, buscando uma vida feliz.

Vivemos a era da informação, da rapidez, mas também da fragilidade humana a toda prova. E quem está disposto a reconhecer a sua própria vulnerabilidade?

Minha história de vida é representada pela tríade corpo, mente e emoção.

Na maior parte da minha trajetória, eu me considerava uma pessoa saudável, de mente e emoções equilibradas; mas um dia algum pilar saiu dos trilhos, me colocou do outro lado da mesa e me fez conhecer todos os seus desafios – desde uma consulta médica até um exame com a necessidade burocrática do plano de saúde ou uma inflexibilidade profissional.

Antes de adoecermos e encararmos a doença, precisamos estar conscientes de que vivemos numa sociedade enferma: enferma de valores, de amorosidade, de paciência, de ética, de sonhos, de honestidade e de emoções.

Vivemos a confusão de sermos tão diferentes e iguais ao mesmo tempo, num mundo de excessos.

Eu sei quem sou, conheço meus valores e tudo o que vivi quando a vida me deu uma rasteira. E isso apenas reforçou quem eu sempre fui: a Mariana! E depois a médica, que gosta de ouvir, que gosta de falar e agir com amorosidade, se redescobriu.

Muito prazer!

Esta sou eu!

MINHA TRÍADE CORPO, MENTE E EMOÇÕES

Penso que mesmo com pouco conhecimento, de alguma maneira, eu cuidei bem da minha tríade. Sempre fui uma pessoa de hábitos saudáveis e, portanto, tinha a saúde em dia. Alimentei o sonho de ser médica desde jovem, o que manteve a minha mente ativa, desejosa e motivada por crescimento, me mantendo saudável nesse sentido.

Quanto às minhas emoções, venho de uma família estruturada e tive a sorte de encontrar no meu primeiro relacionamento algo duradouro, repetindo o padrão da família. Meu primeiro namorado e melhor amigo, se tornou meu marido. Em nossa longa jornada – que inclui troca de cartas escritas à mão, dois filhos e uma pandemia – há muito compartilhar e muito amor.

Afirmar que sempre tive uma tríade em equilíbrio não é dizer que nunca tive problemas, mas sim, assumir que durante toda uma vida, entre uma época de dificuldade, um problema e outro, meu corpo, minha mente e emoções cumpriram o seu papel: me permitiram o equilíbrio, pautado na minha fé em Deus.

A MAIOR PROVA

Eu ainda sou uma pessoa jovem e mesmo assim já vivi a maior dificuldade da minha vida, encarando uma morte iminente.

Qual o maior problema que se pode ter em vida?

Quem somos nós para julgar aquilo que mais dói?

Como podemos medir a dor do outro?

Como poderia comparar o tamanho do meu sofrimento com o de outra pessoa?

Não é possível medir aquilo que machuca, uma vez que algo que pode ser terrível para mim pode não ser tão terrível assim para outra pessoa. E vice-versa.

Isto acontece porque somos seres únicos, com experiências e histórias únicas. Cada ser humano tem seus pontos fortes e fracos; e, assim, suas próprias competências pessoais e profissionais para lidar de forma mais positiva ou negativa com cada dificuldade que a vida apresentar.

A minha maior prova veio aos 37 de idade, algo que jamais poderia imaginar que pudesse acontecer.

Terá sido uma imprudência da minha parte ter confiado tanto na saúde da minha tríade? Ou devo confiar a minha fé e crença de que se Deus me mandou essa prova é porque ela me moldaria e me fortaleceria para algo maior?

Não conhecemos os desígnios da vida, assim como não conhecemos os desígnios de Deus.

Eu sigo com fé e com a confiança de que tudo o que acontece, acontece por uma razão. Nada é por acaso e nada acontece sem que Deus tenha conhecimento e um propósito para isso.

Não foi fácil aceitar a grande prova, mas em nenhum momento eu estive sozinha, pois tive o amor e o apoio da minha família.

A cada dia, pude perceber as dificuldades e problemas aparentemente comuns para quem trilha uma prova como a minha.

Muitas vezes me senti frustrada, outras vezes me peguei indignada, sozinha na minha angústia, revoltada, confusa, deprimida e incompreendida.

Por mais que eu tivesse as pessoas que mais amo ao meu lado, encarar essa prova era como pisar em um chão em brasas sem sapatos. Ninguém seria a sola dos meus pés por mim.

Com o passar do tempo, compreendi que em toda essa situação havia lições a serem aprendidas e sentidas, pois foi através delas que uma indignação nasceu em mim e se instalou em meu coração.

Conforme vivenciei a minha experiência – dia após dia, consulta após consulta, exame após exame, cirurgia após cirurgia e tudo mais – eu colecionei argumentos em minha mente que não paravam de surgir:

"Por que o plano de saúde age dessa maneira no pior momento da vida de uma mulher?"

"Por que eu vejo mulheres abandonadas física e emocionalmente nessa fase?"

"Por que alguns médicos sugerem, mesmo sem a intenção, que a doença é responsabilidade de certas atitudes na vida da mulher, perpetrando a ela a responsabilidade por uma doença tão grave, durante o maior sofrimento de sua vida?"

"Por que não nos oferecem um grupo de acompanhamento que possa reunir as mulheres que estão passando por isso, para troca de informações e experiências? Um lugar seguro, de desabafo sobre o que estamos passando, que fale sobre a vida, sobre o sentir e sobre esperança?"

"Como as instituições de saúde podem colaborar para amenizar tantas dúvidas que aparecem durante o tratamento dessas mulheres?"

As perguntas nunca pararam de surgir em minha mente.

"Como eu posso viver com isso?"

Hoje, eu percebo que elas estavam germinando em mim o maior propósito que poderia ter na vida até então.

É importante que o ser humano perceba que nem toda emoção negativa gera algo negativo.

Uma raiva ou tristeza, quando nos machuca, nos leva a uma reação para nos tirar daquele lugar. Um movimento em busca da nossa sobrevivência.

Assim também acontece com uma fase desafiadora, que nos sufoca.

Nem tudo que parece ruim é ruim de verdade.

Quando desenvolvemos a fé, tomamos consciência de que absolutamente tudo tem um propósito maior, que sempre nos leva para o bem.

> *"Porque sou eu que conheço os planos que tenho para vocês,* diz o Senhor, *planos de fazê-los prosperar e não de causar dano, planos de dar a vocês esperança e um futuro."*
>
> **Jeremias 29:11**

Uma injeção pode ser dolorida para uma criança e, apesar disso, permitimos que o remédio seja aplicado, mesmo que ela chore, pois sabemos que será para o bem dela e que assim o fazemos porque a amamos.

Temos o discernimento de que o remédio livrará nossos filhos da doença, assim como podemos crer que as dores desta vida podem ser o remédio que Deus nos envia para melhorarmos nossos valores morais, nossa força e até mesmo o nosso amor.

Porque nossa capacidade de amar ainda pode ser aprimorada.

Eu entendi: em tudo dai graças.

"Em tudo dai graças, porque esta é a vontade de Deus em Cristo Jesus para convosco."
1Tessalonicenses 5:18.

E por mais inimaginável que pudesse ser, chegou um dia em que agradeci a Deus por aprender com essa dor e com essa enfermidade, pois foram elas que me levaram ao aprimoramento de mim mesma e ao alcance de mulheres que precisavam da minha força, do meu amor e deste olhar sobre a medicina como um todo.

A partir dali eu percebi que podia e devia transformar os dois lados da mesa.

COMO EU DESCOBRI!

Em plena pandemia, mesmo sem sintomas ou queixas, vou à consulta ginecológica anual.

Minha médica me questiona:

— Você nunca fez mamografia, né, Mariana?

— Não.

Ela me olha e avisa:

— Vamos fazer este ano.

— Tá.

Ela já começa a escrever o pedido e explica:

— Geralmente pedimos para fazer este exame, com certa regularidade, a partir dos 40 anos. Agora você está com 37 anos e está assintomática, mas faremos uma mamografia para deixar como referência para os seus próximos exames, quando você começar a rotina de rastreio com mamografias regulares.

Eu não questiono ou penso sobre o assunto.

Como médica, sei o quanto é promissor trabalhar com exames de rastreio.

Hoje entendo que a minha médica foi iluminada por Deus para solicitar a minha primeira mamografia no momento certo. Por este motivo, chamo-a carinhosamente de "meu anjo da guarda".

Quando fui fazer os exames agendados, percebi que, durante a mamografia, os procedimentos de imagem estavam sendo repetidos. Embora eu nunca tivesse feito o exame, sabia que a repetição é feita para confirmar algo que apareceu na imagem. Parecia não ser um bom sinal.

Como médica, não era possível fazer de conta que não estava entendendo. Podia ser algo sério a meu respeito.

— Está tudo bem?

A técnica responde:

— Os médicos vão avaliar, só para não ficar dúvida.

"Ai, meu Deus!"

— Pode me dizer o que você viu na imagem?

— Você vai fazer um ultrassom das mamas agora, para podermos avaliar melhor, ok?

Durante a realização do ultrassom, conversando com a médica, pergunto:

— Pode me dizer o que está acontecendo? Percebo que há algo errado.

Ela me olha e se rende ao meu desespero:

— Olha, tem uma pequena alteração na sua mamografia, mas não vejo muita correlação aqui no ultrassom. Vou chamar uma colega para saber a opinião dela.

Eu engulo em seco, meu coração para, meu mundo para.

Tem momentos na vida em que uma questão de segundos pode mudar absolutamente tudo o que vivemos até então.

A outra médica chega e fala:

— O que vimos foram microcalcificações agrupadas, mas temos que aguardar a equipe médica especialista em mama analisar as imagens da mamografia.

Eu não consigo mais argumentar ou questionar, me sinto paralisada, com medo.

Ela se mostra atenciosa:

— Se você viesse fazer só o ultrassom de mama, como nos anos anteriores, tudo poderia parecer normal. Que bom que você também fez a mamografia neste ano.

"Bom? Será que é bom?"

Sinto-me confusa, sem domínio sobre mim mesma.

Sem uma resposta conclusiva, eu vou embora, atordoada. Que desespero!

Observo o trânsito ao meu redor e não vejo a hora de chegar em casa.

Olho para o céu e penso:

"Me ajuda, meu Deus! Meus filhos..."

Ao chegar em casa, ao ver os meus filhos pequenos, não consigo segurar o choro.

Bato na porta do quarto onde meu marido está trabalhando, mesmo ouvindo a sua voz em reunião. Abro lentamente e pergunto baixinho:

— Você pode falar?

Ele me olha muito assustado, afinal, estou quase aos prantos e eu nunca interrompi suas reuniões antes.

Vejo que ele pede licença e rapidamente tira o fone de ouvido e se desconecta da reunião. Se levanta e vem na minha direção:

— O que foi, amor?

Eu o abraço e caio num choro profundo.

Desabo:

— Eu posso estar com câncer, Fabio.

Continuo chorando e conto, aos prantos, o que houve.

Ele tenta me acalmar com muita amorosidade:

— Não vai ser nada, Mari.

Foi um momento desesperador, quando senti que meu mundo e toda minha vida poderiam mudar a partir dali. É como se tudo deixasse de fazer sentido. Uma sentença de morte.

À tarde, a médica me liga:

— Olha, Mariana, o pessoal da mamografia me ligou e deu Bi-Rads 4, vamos fazer uma biópsia!

"Bi-Rads 4… Bi-Rads 4…, não é possível!"

Meu coração para, ouço minha respiração, como se todo o mundo tivesse parado nesse momento.

Quando o resultado do exame de mamografia dá Bi-Rads 4, assusta! Existe uma chance de ser câncer! Somente a biópsia poderá esclarecer!

Olho para o lado e vejo meu marido estático e boquiaberto, esperando alguma informação.

Eu o olho e lembro que está chegando o aniversário da minha filha.

"Meu Deus! O que vai ser da minha vida? Dos meus filhos?"

Caio sentada numa poltrona.

A única coisa que consigo pensar e dizer é:

— Nós temos que fazer o aniversário da nossa filha e vamos manter a viagem de férias! Exatamente como a gente planejou.

E choro.

Meu marido vem até mim e me abraça. Ele sabe que esse estado é totalmente anormal para mim:

— Vai dar tudo certo, amor. Nós estamos juntos.

"Nós estamos juntos!"

Continuo em estado confuso e choro.

Apenas choro.

"Por que, meu Deus? Por que eu?"

A DOR NO PERCORRER DO CAMINHO

Como seres humanos, nunca temos compreensão total de uma situação enquanto ainda estamos passando por ela.

Imagine um copo de vidro transparente e cheio de água. Você olha e consegue enxergar o que está por trás dele. Agora, se você colocar uma colher de açúcar e mexer, a água ficará turva e irá dificultar a visão do que está por trás do copo. Quando o açúcar assentar no fundo, poderemos ver novamente o que está por trás do objeto.

Gosto de imaginar que a vida acontece como nesse copo d'água. Os problemas são como o açúcar remexido dentro do copo, que atrapalha a visão; mas assim que eles decantam, podemos enxergar novamente.

Passamos por vários desafios na vida: o rompimento de um namoro, problemas no casamento, problemas financeiros, na família e até mesmo de saúde. O fato é que quando o problema está acontecendo, devido às nossas emoções e nossa limitação natural como seres humanos, não temos a melhor compreensão no momento em que tudo acontece. Precisamos de tempo!

É sempre o tempo que melhora o nosso ponto de vista sobre tudo o que vivenciamos, pois, quando o momento exato vira passado, então conseguimos refletir:

"Por que isso aconteceu?"

"Por que isto aconteceu comigo?"

"Eu poderia ter evitado?"

"Se eu não poderia ter evitado, então, o melhor seria simplesmente ter aceitado?"

"O que eu aprendi com isso?"

"O que mudou em mim após essa experiência?"

"Como eu posso aprender com essa experiência para me tornar uma pessoa melhor?"

Quando eu descobri o câncer, confesso que me desesperei. Meus filhos eram pequenos e eu temia que eles crescessem sem mãe. Essa se tornou a minha maior dor.

Por um instante me peguei dialogando com Deus:

— Por que eu? Eu sempre cuidei da minha saúde!

Foi uma fase de confusão mental, assim como das minhas emoções. O medo veio à tona, a ansiedade, a tristeza, a baixa autoestima, a insegurança e tudo mais que, numa soma, resultava em algo desconhecido para mim.

Hoje é muito mais fácil falar do câncer e de toda a trajetória que vivi, porque tive tempo para viver a experiência, para senti-la, para ressignificá-la e tomá-la como força e não como vitimização. Respeitei o meu tempo e o meu limite.

Não é fácil e nem agradável perder a saúde. A morte iminente é assustadora, mas ainda assim ela nos faz valorizar a vida e aqueles que amamos. Esse medo nos leva a rever e reforçar nossos próprios valores, nossa história e tudo aquilo que vivemos até o momento.

É claro que eu nunca desejei adoecer, mas agora compreendo o propósito dessa prova na minha vida, pois é algo muito maior do que poderia supor.

A minha história é mais uma dentre muitas, nem melhor, nem pior, muito menos modelo, mas a maneira como escolhi vivê-la e a minha reação sobre essa fase desafiadora se tornaram parte da história de muitas mulheres.

A escrita deste livro é para que mais mulheres possam se sentir apoiadas em suas trajetórias de dor, para que saibam que também podem crescer e se fortalecer, que podem ser elas mesmas e que depois de tudo isso, elas se tornarão ainda melhores e mais fortes do que já são. E aqui não falo sobre ausência de doença ou a romantização do sofrimento, falo sobre vida!

Todo dia é uma nova oportunidade e, certamente, quem vivenciou a finitude consegue agradecer pelo simples despertar a cada manhã.

A minha história me permitiu sentir na pele os dois lados da mesa.

Quando eu conhecia só um, não gostava muito do que percebia na medicina tradicional. Quando conheci o outro lado, gostei menos ainda.

Minha trajetória me motivou a trabalhar para transformar os dois lados.

De um lado ou de outro, esta história serve para você.

Não desejo que você adoeça ou que já esteja enferma, mas se esse for o caso, você não está sozinha!

Se for um médico ou profissional da saúde, espero que, como eu, possa olhar o outro lado com a amorosidade que se faz necessária. E se você for um familiar, amigo ou conhecido de alguém que está passando por isso, pode contribuir para esse cuidado empático, sendo mais uma ferramenta para transformar a medicina tradicional em uma medicina amorosa. Peça ajuda. O familiar também precisa de apoio.

A vida não precisa ser de luta o tempo todo, mas quando for, que possamos contar uns com os outros.

Sempre.

Você não está sozinha!

Recomece*

"Quando a vida bater forte
e sua alma sangrar,
quando esse mundo pesado
lhe ferir, lhe esmagar...
É hora do recomeço.
Recomece a lutar.

Quando tudo for escuro
e nada iluminar,
quando tudo for incerto
e você só duvidar...
É hora do recomeço.
Recomece a acreditar.

Quando a estrada for longa
e seu corpo fraquejar,
quando não houver caminho
nem um lugar pra chegar...
É hora do recomeço.
Recomece a caminhar.

Quando o mal for evidente
e o amor se ocultar,
quando o peito for vazio,
quando o abraço faltar...
É hora do recomeço.
Recomece a amar.

Quando você cair
e ninguém lhe aparar,
quando a força do que é ruim
conseguir lhe derrubar...
É hora do recomeço.
Recomece a levantar.

Quando a falta de esperança
decidir lhe açoitar,
se tudo que for real
for difícil suportar...
É hora do recomeço.
Recomece a sonhar.

Enfim,
É preciso de um final
pra poder recomeçar,
como é preciso cair
pra poder se levantar.
Nem sempre engatar a ré
significa voltar.

Remarque aquele encontro,
reconquiste um amor,
reúna quem lhe quer bem,
reconforte um sofredor,
reanime quem tá triste
e reaprenda na dor.

Recomece, se refaça,
relembre o que foi bom,
reconstrua cada sonho,
redescubra algum dom,
reaprenda quando errar,
rebole quando dançar,
e se um dia, lá na frente,
a vida der uma ré,
recupere sua fé
e recomece novamente."

* Bráulio Bessa

Capítulo 3

A PROVAÇÃO QUE ME TRANSFORMOU

"É parte da cura
o desejo de ser curado."
Sêneca

A oncologia integrativa é um campo de tratamento do câncer centrado no paciente e baseado em evidências, que utiliza práticas mentais e corporais, produtos naturais e/ou modificações de estilo de vida de diferentes tradições juntamente com as convencionais.

Fonte: LOPEZ *et al.*, 2024.

Nos Estados Unidos, mais de 50 hospitais adotam essa abordagem, integrando práticas como yoga, meditação, nutrição e acupuntura no manejo de sintomas comuns do câncer, como fadiga, dor, ansiedade e depressão.

Fonte: CHAGAS, 2024.

A oncologia integrativa visa otimizar a saúde, a qualidade de vida e os resultados clínicos em toda a continuidade dos cuidados oncológicos e capacitar as pessoas para prevenirem o câncer e tornarem-se participantes ativos antes, durante e após o tratamento do câncer.

Fonte: LOPEZ *et al.*, 2024.

A medicina integrativa não substitui o tratamento convencional, mas oferece um suporte adicional, promovendo um atendimento mais completo e humanizado.

Fonte: CHAGAS, 2024.

Fontes:

CHAGAS, S. R. P. Medicina Integrativa no Tratamento Oncológico. Revista Brasileira de Cancerologia, v. 70, n. 3, 2024. Disponível em: https://rbc.inca.gov.br/index.php/revista/article/view/4841. Acesso em: 10 out. 2024.

LOPEZ, G. *et al.* Author Correction: Integrative medicine in oncology: redefining the standard of care. Nature Reviews Cancer, 29 ago. 2024. Disponível em: https://www.nature.com/articles/s41568-024-00747-x. Acesso em: 10 out. 2024.

EM QUE MOMENTO COMEÇOU A MINHA LUTA?

Acredito que a maior luta contra o câncer é o próprio processo de aceitação, e isso começa antes de saber se ele existe ou se é apenas uma possibilidade.

Antes vem o enfrentamento, o medo, a negação, uma briga interior, quiçá com Deus, como eu tive.

A nossa humanidade questiona os Seus desígnios em nossa vida, quando não temos a capacidade de enxergar os aprendizados que o sofrimento poderá nos proporcionar lá na frente.

Não foi diferente comigo. Talvez até pior, considerando o fato de ser médica e ter sido supostamente certinha a vida inteira.

"Eu não mereço isso, Senhor!"

Essa discussão com Ele durou algum tempo.

Imagino que seja assim para a maioria das pessoas, porque é algo que nos tira do lugar, da zona de conforto, é o inesperado que ninguém quer.

Com o passar do tempo, eu felizmente fui capaz de criar algo muito maior em cima disso e por causa disso: o meu propósito de vida!

Eu já tinha uma vida feliz? Sim, muito!

Estava realizada como pessoa, mulher, filha, irmã, esposa, mãe e amiga.

Então, o que estava faltando?

A minha realização mais profunda como médica e talvez como ser humano.

Enfrentar uma doença grave me colocou do outro lado da mesa, o qual eu já havia defendido e tentado mudar, sem saber que um dia estaria do lado de lá.

Ao estar do outro lado, efetivamente, pude perceber que a sensação era pior do que eu imaginava, quando senti na pele a indignação e a dor de maneira mais profunda.

Minhas primeiras reações foram de revolta, tristeza, frustração e muitas reflexões. O incômodo nos tira do lugar. Será que isso pode ser bom?

Tudo o que dói e nos faz sofrer é algo que queremos evitar a todo custo!

Mas ninguém está livre do sofrimento!

Até a jornada em busca da realização de um sonho não será linear. Às vezes, percorreremos um caminho tortuoso, com alguns tropeços e tombos que nos farão pensar em desistir.

Mas você já percebeu que quando nos dispomos a olhar para uma tristeza tentando entendê-la, podemos ressignificá-la, tendo a oportunidade de nos transformar em uma pessoa mais amadurecida e até melhor?

Convido você a uma reflexão:

Tem alguma emoção que você não se permite sentir?

Tem alguma emoção que você associe a uma fraqueza ou defeito?

Em nossas vidas, não passaremos apenas por momentos felizes, teremos também emoções negativas que nos deixarão desconfortáveis.

Mas quando aceitamos que essa dualidade de emoções é parte de quem somos, podemos integrá-la; ampliando nossa compreensão de nós mesmos e do que acontece em nossas vidas.

A emoção negativa não vai durar para sempre!

O caminho cheio de curvas pode até parecer nos afastar dos nossos propósitos, mas poderá desvendar paisagens jamais imaginadas.

O fato é que nessa caminhada sinuosa em busca dos sonhos, são os esforços da jornada que trarão a satisfação da conquista.

Você já vivenciou alguma experiência que trouxe uma satisfação de alma?

Como seres humanos, o que muito nos satisfaz é nos sentirmos úteis, nos colocando a serviço do outro, cuidando daqueles que amamos e daqueles a quem nem conhecemos.

Podemos aprender com o sofrimento!

Aceitar as dores da vida como desafios nos torna resilientes e propulsores de soluções.

A aceitação é o primeiro passo. O segundo é a ação sobre a questão.

É o que nos leva a um processo de melhoria de nós mesmos, de aprendizado e para um outro lugar aonde iremos chegar e descobrir depois.

Coragem! É disso que precisamos, não apenas para a jornada contra o câncer, mas para todos os desafios da vida!

A coragem de sermos gentis conosco, aceitando as dificuldades e ressignificando-as para que sejamos melhores.

A MAIOR DOR DE TODAS

Os dias que antecederam a confirmação do diagnóstico foram de desespero.

A verdade que gostaria de trazer aqui – e creio valer para muitas pessoas – é que eu olhava para meus filhos com olhar de despedida. Eu acreditava que os meus filhos não deveriam mais me amar!

Não é fácil falar sobre isso.

É uma confissão! Essa foi a minha maior dor e confusão durante o processo.

Eu os amo mais do que tudo na vida, mas imaginar que eles poderiam sofrer com a minha partida me fez acreditar que não deveria mais ser boa como mãe, que talvez devesse mudar o meu comportamento, diminuindo minha dose de amor, carinho, participação – para que, quando eu fosse embora, eles não sofressem tanto.

Era uma forma de defesa! Um pensamento errado, negativo e que me colocava ainda mais para baixo do patamar em que estava.

A doença e o seu enfrentamento nos deixam confusos. É preciso tempo para processar os medos, anseios e emoções, mas pode ser delicado e perigoso, por isso a necessidade de uma rede de apoio.

Eu, felizmente, tive apoio o tempo todo: dos meus pais, irmãos, marido, filhos – ainda que pequenos – familiares e amigos. Eu não me senti sozinha, mesmo durante as crises existenciais como a citada acima.

ABANDONO

Quando passei a me dedicar a apoiar outras pessoas, percebi que o abandono acontece em vários níveis: em casa, no relacionamento, na vida profissional, financeira, nos tratamentos e até no plano de saúde. É triste a realidade que muitas pessoas têm de enfrentar.

Daí eu reforcei o meu propósito de vida após o câncer: passei a ajudar essas pessoas!

Elas não precisam passar pela experiência oncológica sozinha, estamos juntas!

Deus me colocou nesse caminho, porque Ele sabia que eu faria isso! E eu aceitei como Seu presente em minha vida!

Obrigada, meu Deus!

O INESPERADO

Sim, era câncer! Recebi essa notícia durante uma viagem, mais precisamente no início das férias em família. As férias teriam acabado? A vida parecia ter chegado ao início do fim naquele momento?

Experimentei a dor da tristeza, fiquei sem chão e sem reação por alguns instantes. Olhei a minha família brincando de fazer castelinhos na areia, fui em direção a eles, enquanto eu tentava me reconstruir.

Eu precisava de forças, pois o castelo dos meus sonhos futuros tinha acabado de se desfazer.

Como era frágil!

Eu o construí achando que era uma fortaleza, fundamentada na ideia de controle que eu tinha de áreas da minha vida – seja através de planejamentos ou de uma rotina regrada.

Mas imprevistos podem acontecer, mudando o curso da nossa vida sem qualquer aviso prévio. Afinal, receber o diagnóstico de câncer de mama é algo que, sem dúvida, foge do nosso controle.

Criamos uma expectativa para a nossa vida e, quando não ocorre como o planejado, dá uma sensação de fracasso. Uma espécie de frustração acompanhada por raiva, ansiedade e tristeza. Uma revolta!

Como lidar com esse sofrimento? Como manter a calma e compreender o que está acontecendo?

Foi naquele dia de sol, diante do mar, que eu recebi abraços apertados e palavras de carinho, em meio a lágrimas. Ao mesmo tempo em que aqueles castelinhos construídos, com tanto empenho pelas crianças, foram destruídos pela onda do mar, os meus sonhos também se foram naquele momento.

Aos poucos, fui encontrando uma maneira de lidar com as emoções e com os pensamentos negativos que surgiram naquele momento. Um misto de emoções que retirou o meu chão e o meu direcionamento da vida.

Reconhecer que imprevistos acontecem pode ajudar a administrar a tristeza, a ansiedade e a frustração, dando condições para agirmos em busca de soluções.

"A melhor terra para semear e fazer crescer algo novo outra vez está no fundo. Chegar ao fundo do poço, apesar de extremamente doloroso, também é um terreno para semear."

Clarissa Pinkola Estés

Não é fácil manter a inteligência emocional na jornada oncológica e administrar, de maneira resiliente, tantos sentimentos ameaçadores. Mas reconhecer as nossas emoções é um bom começo para aceitá-las, lidando com elas de uma maneira mais flexível e gentil.

Talvez não tenhamos muito o que fazer, efetivamente, em relação ao diagnóstico. Mas podemos escolher mudar algo dentro de nós mesmos, buscando um olhar positivo em relação ao que não podemos modificar.

Não precisamos negar a realidade ou romantizá-la enxergando somente o lado positivo, mas podemos pensar em escolher uma postura de esperança e de otimismo diante do nosso tratamento e do futuro. Isso poderá nos ajudar a lidar com o sofrimento de maneira mais leve.

Qual a sua escolha?

"Corro perigo como toda pessoa que vive, e a única coisa que me espera é exatamente o inesperado."

Clarice Lispector

COMO UMA ONDA NO MAR

Assim como as ondas do mar nunca são iguais, nem os riscos que elas desenham ao chegar na areia, a nossa vida é delineada de maneira diferente a cada instante.

Admitir que não temos o controle sobre os eventos das nossas vidas, nem da nossa saúde, é um grande desafio!

Quando reconhecemos que nem tudo sai como o planejado, tiramos dos nossos ombros o peso da responsabilidade, do medo, de possíveis culpas, da incerteza, e damos lugar à aceitação da realidade como ela é.

Porém, isso exige uma mudança de postura e de mentalidade. Um ajuste de foco!

Afinal, um dia nos achamos saudáveis e, subitamente, temos que nos adaptar a uma nova realidade.

COMO O TRATAMENTO COMEÇOU?

Fui presenteada com médicos que se tornaram verdadeiros anjos de Deus durante toda a minha jornada oncológica. Por muitas vezes, acolheram meu choro e me devolveram a esperança.

O fato de ser médica me colocou, algumas vezes, na posição de contestar.

Estar no papel de paciente foi um aprendizado. Somente quando eu entendi que eu estava do outro lado da mesa, me permiti verdadeiramente ser cuidada. Essa escolha foi uma experiência que trouxe mais leveza ao meu processo oncológico.

O momento da biópsia foi um encontro com a minha humanidade. A dor causada pela agulha da injeção para a aplicação da anestesia local permitiu que a biópsia da mama fosse um procedimento indolor. Mas não conseguiu aliviar a dor na alma que ela me causou.

A punção com aspiração de minúsculas calcificações que estavam destruindo a saúde da minha mama aspirou também os meus sonhos. Naquele momento, percebi o que estava acontecendo comigo! Eu poderia mesmo estar com câncer! Foi a crise de choro mais profunda e verdadeira que eu já tive.

"Eu não posso estar com câncer!"

Sim, posteriormente, os resultados evidenciaram que era câncer!

Mais tarde, a ressonância magnética indicou a necessidade de uma mastectomia para retirar toda a extensão da lesão.

Logo depois, fui para a minha primeira cirurgia em cima da mesa! No dia do aniversário do meu pai.

"O que isso significa, meu Deus?"

Eu não tinha respostas para tudo, ou melhor, para quase nada, porém, hoje eu sei claramente o quanto a minha fé foi sendo fortalecida.

Uma nova Mariana começava a nascer ali, naquela mesa de cirurgia: mais forte e mais humana.

SE EU CONTEI SOBRE A CIRURGIA PARA OS MEUS FILHOS?

É claro que contei.

Apesar de eles serem ainda pequenos, sempre tive a noção de que uma relação de amor também é feita de transparência. Eu sabia que suas capacidades de entendimento naquele momento seriam menores, mas fiz questão de que, na medida deles, pudessem participar da minha vida naquele momento:

— Mamãe descobriu que está com dodói no peito.

Olho aquelas duas carinhas me olhando, sem entender ou saber o que responder.

Abraço-os e continuo:

— Mamãe vai para o hospital pra tirar o dodói e volta amanhã, tá bom?

— Tá, mamãe – minha filha responde.

Talvez essa transparência com meus filhos tenha sido um dos fatores que me fez chegar ao momento da cirurgia em paz, além da presença do meu marido, sempre ao meu lado, juntamente com meus pais me ajudando na dinâmica com as crianças, bem como meus familiares me acompanhando de todo modo que podiam.

"Eu serei operada e ficarei curada!"

Eu passaria por uma cirurgia plástica de reconstrução na mesma mesa, o que também me fazia acreditar que tudo ia dar certo, pois eu não experimentaria o trauma de me ver sem mama e com a sensação de estar mutilada.

"Obrigada, Senhor!"

O CABELO!

Eu agradecia a Deus por receber tudo o que precisava dentro daquele contexto tão delicado. Em resumo, foi tudo bem na minha primeira cirurgia.

Na consulta com o oncologista, mais um imprevisto: fui informada de que o câncer tinha algumas áreas chamadas de invasão, e eu precisaria fazer quimioterapia.

A biópsia mostrou que era um carcinoma ductal *in situ*!

"Não acredito!"

Chorei com raiva. Eu não queria experimentar os efeitos da quimioterapia!

O médico explica:

— Serão quatro sessões, Mariana, uma a cada 21 dias.

— Uma a cada três semanas, então, Doutor?

— Isso.

Fico reflexiva e solto, sem pensar:

— Não, Doutor, eu não posso ficar sem cabelo! Eu serei a sua única paciente que ficará com cabelo durante o tratamento.

Ele me olha um pouco boquiaberto:

— O cabelo deve cair após o início do tratamento e o couro cabeludo pode ficar dolorido. Talvez seja o momento de cortar o cabelo curtinho, Mariana.

— Não, o senhor não está entendendo, eu não posso ficar sem meu cabelo.

Ele entorta o pescoço antes de falar:

— Bom, tem uma opção…

Eu sorrio:

— Eu quero essa opção.

Ele move as mãos pedindo calma:

— Você tem que saber primeiro o que é e decidir se quer passar por isso.

Fico olhando para ele atenta e em silêncio, mas cheia de esperança em manter o cabelo intacto – ou na sua melhor forma o máximo possível.

— Touca gelada, Mariana.

— Touca gelada, Doutor?

Ele assente.

— Como é isso?

Então, ele me explica:

— Olha, é um tanto incômodo. É uma touca para o resfriamento do couro cabeludo a uma temperatura em torno de 11 graus. Será colocada na sua cabeça, antes da quimioterapia, devendo permanecer durante toda a infusão da medicação e após o término dela.

Naquele momento eu não quis pensar na dificuldade que a touca poderia representar, só conseguia pensar no meu cabelo. Eu era apegada a ele, cuidava com carinho para preservar o cabelo fino e pouco volumoso que eu tinha.

"A vida inteira eu cuidei do meu cabelo! Não vai ser agora que não vou cuidar! Nem ficar sem ele."

Então, quando descobri o sofrimento da touca gelada na prática, entendi a ênfase do meu médico.

Durante o tratamento, já passamos por tantas mudanças – como cicatriz, dor, inchaço – e eu não queria descuidar da minha aparência, acreditando que isso me ajudaria a ficar mais motivada e esperançosa, melhorando a autoestima que, no fundo, já estava sendo afetada por todo o entorno.

A MANUTENÇÃO DA AUTOESTIMA

Devido à sensibilidade do couro cabeludo com o uso da touca gelada e da própria quimioterapia, eu não podia lavar, nem pentear o cabelo diariamente; só uma vez por semana.

Ainda assim, estava disposta a passar pelo que fosse para manter o cabelo no lugar!

"Eu não vou ficar sem meu cabelo!"

O meu médico, do outro lado da mesa, tentava me fazer agir de forma mais prática:

— Corta o cabelo, Mariana!

— Não vou cortar!

E eu reforçava:

— Meu cabelo não vai cair!

Após a sessão de quimioterapia, sofri com alguns efeitos colaterais, como diarreia, fadiga, mucosite, urticária, tromboflebite e outros mais. Até que, após duas semanas, meu cabelo começou a cair:

"Não, não, não..."

Eu tratava com delicadeza meu cabelo, porque o couro cabeludo ficou extremamente sensível. Na hora de aplicar o shampoo e o condicionador, eu mexia suavemente no cabelo e jogava água sem esfregar.

Como eu não podia lavar mais de uma vez por semana, já estava ficando com uma aparência de sujo e, do nada, surgiu um nó inexplicável nos fios:

"Que nó é esse, meu Deus?"

Já era noite, eu estava no meio do banho, tentei pentear, passar creme, e nada. Eu fiquei horas tentando desatar aquele nó, estava determinada, mas não conseguia. Meu marido percebeu a demora e perguntou se estava acontecendo alguma coisa, ao passo que finalmente lhe pedi ajuda:

— Fabio, amor, me ajuda aqui, por favor!

Eu saí do banho e ele tentou também: com creme, pente, óleo de cozinha, mas nada parecia desmanchar aquele nó.

"Justo eu que tenho um cabelo tão fino!"

Era uma situação que não tinha explicação.

A DECISÃO

Passamos o final da noite e parte da madrugada buscando uma solução. A cada tentativa em desfazer o nó, ele ia se aproximando do couro cabeludo e a dor aumentava. O nó foi dividido em dois, pois foi o máximo que conseguimos.

Quando o relógio mostrou que já eram as fatídicas 4 horas da manhã, eu já não aguentava mais e bati com a mão na pia, decidida:

— Chega! Eu vou cortar o cabelo!

O Fabio se assustou, após ter chorado em vários momentos comigo durante a madrugada:

— Não, amor, nós vamos conseguir. Você não vai ficar sem o seu cabelo.

Ele sempre soube o quanto a questão do cabelo era importante para mim e permaneceu fiel a isso, até o fim, como em todo o resto.

— Não, amor, chega, corta para mim, por favor! Eu não aguento mais a dor no meu couro cabeludo! Está doendo muito!

Eu fechei os olhos, esperando que ele cortasse e demonstrando a minha decisão.

Ele cortou. O cabelo ficou curto e evidenciou ainda mais as falhas.

Olhamos o nó que ele finalmente tinha em suas mãos e parecia algo inacreditável, sem nada dentro: seco, sem creme, sem óleo de cozinha, nada.

"Como pode?"

No dia seguinte, eu ia encontrar os meus pais e fiquei preocupada com a reação deles se me vissem com aquela aparência, com o cabelo cheio de falhas e curto. Isso me fez pensar:

"Deve ser chocante ver uma filha assim."

Antes da segunda sessão de quimioterapia, mandei uma foto de como estava o meu cabelo para a enfermeira que me orientava sobre a touca gelada, e ela disse:

— Não dá para fazer a touca assim, tem muitas falhas que expõem o couro cabeludo, Mariana.

"Eu ia ter que cortar!"

Meus pais acabaram me vendo naquela situação, porque estavam me ajudando com meus filhos e eu tinha uma nova sessão de quimioterapia no dia seguinte.

O momento tão temido chegou! Durante a minha segunda sessão de quimioterapia, ao olhar os vários fios de cabelo formando tufos no lençol da minha cama e no chão do hospital, eu decidi raspar o cabelo.

Então, contei ao meu marido a minha decisão final:

— Fa, vou cortar o cabelo hoje, vamos raspar!

— Oi?

Eu assenti e continuei:

— Vamos comprar a maquininha ainda hoje e reunir a família para fazermos isso juntos.

E assim foi. Praticamente montei um salão de beleza em casa, no meio da sala. Juntei meus pais, meus filhos e meu marido:

— Todo mundo vai cortar o cabelo da mamãe!

Expliquei para as crianças que o remédio que eu estava tomando era mágico e faria o meu cabelo cair, mas isso só aconteceria comigo. O remédio foi feito especialmente para mim. Para eu ficar curada do dodói. Eu já estava me adiantando.

Fizemos um evento divertido com aquilo que eu mais temia.

Coloquei uma música alegre e, como meus filhos eram pequenos, eles não tinham como perceber o quanto aquele momento poderia ser triste para mim.

Até a minha irmã participou do evento, raspando seu próprio cabelo na chamada de vídeo que fizemos. Como ela é atriz e iria fazer uma novela em que ficaria careca, tudo parecia coincidir perfeitamente para aquele evento tão significativo.

"Obrigada, Senhor. Obrigada pela minha família!"

Quando tudo terminou, eu me senti mais forte. Isso porque enfrentei o meu maior medo junto com as pessoas que mais amo na vida. Eles foram a maior rede de apoio que eu poderia ter, e assim consegui transformar o momento em algo inesquecível.

Eu tinha medo de que meus filhos não me reconhecessem sem cabelo, mas ali todos passamos pelo processo juntos.

"Foi lindo!"

Ainda no hospital, quando decidi raspar os cabelos, eu sabia da dificuldade que seria para mim. E já havia comprado uma prótese capilar, parecida com o meu cabelo.

Após ficar sem cabelo, fiz uma parceria 24 horas com a minha peruca de cabelo natural: eu a usava em casa, na rua, o tempo todo, até quando saía para levar o lixo.

Às vezes, era difícil usá-la, pois era pleno verão e eu sentia calor na cabeça, além da coceira chegando a formar brotoejas, mas eu não gostava de me ver sem cabelo e não queria ser vista por ninguém daquela maneira. Aguentei o incômodo.

Então, após refletir muito sobre tudo o que havia acontecido, cheguei à conclusão de que aquele nó foi necessário na minha vida. Foi preciso que eu sentisse a dor física de forma que ela fosse maior que a dor emocional, para eu ter a coragem de fazer o que precisava: abrir mão do cabelo!

Depois que raspei a cabeça, me senti mais bonita porque as falhas haviam me deixado estigmatizada. Careca, por incrível que pareça, ficou bem melhor. Eu me senti livre!

"O meu cabelo precisou sair,
uma parte do meu corpo precisou morrer,
para que eu pudesse viver."
Mariana Mendes

Eu precisei da peruca por um bom tempo ainda, para enfrentar o mundo. Não estava pronta para suportar os olhares alheios e nem a comoção de pessoas pelo que eu estava vivendo. Suportar as minhas próprias emoções já estava sendo uma carga pesada o bastante. E como tudo na vida é um processo, decidi respeitar o meu, no meu tempo, com amorosidade.

Eu costumava dizer que a minha peruca era como a concha de um caracol. Um lugar seguro onde, de fato, eu poderia me esconder dentro dele quando estava com medo, saindo de lá quando me sentisse segura. Foi exatamente assim que me sentia com a peruca. Eu venci a insegurança de enfrentar o mundo em busca da minha vida normal.

O que seria o normal a partir de então?

A RADIOTERAPIA

O tempo da quimioterapia foi desafiador para mim, pois eu tinha diversas reações durante as sessões e nos dias seguintes. Entre o fim de uma sessão e o final do mesmo dia, eu ficava bem e administrava esse tempo indo ao supermercado, por exemplo, com a ideia de que deveria fazer algo naquele exato momento, pois no dia seguinte estaria de cama.

Aprendi a lidar com as situações conforme elas se apresentavam e, claro, foi um aprendizado! Hoje, é um prazer compartilhar minha experiência com quem vai passar por isso ou já está passando.

"Obrigada, meu Deus!"

Eu terminei a quimioterapia com quatro tromboflebites, fui puncionada várias vezes, enfrentei os efeitos adversos e segui para a radioterapia, com medo.

— Vai ser tão ruim quanto a quimioterapia, Doutor?

— Não, Mariana, não há de ser.

"Não há de ser?"

Eu não conhecia o bastante sobre oncologia para me sentir amparada no meu conhecimento. Dentro da cardiologia, muitas vezes, encontrava alterações cardiológicas após o tratamento. Só conhecia a parte ruim.

O que eu poderia esperar para mim naquele momento?

Quando fui fazer a primeira radioterapia, eu estava toda marcada, como se tivessem sido feitos alvos com caneta azul. Eu estava pronta para iniciar o exame e entrou na sala uma equipe para se apresentar: médico, enfermeiros, especialistas... E que depois saíram.

Naquele momento, fiquei constrangida: estava exposta com uma cicatriz que fazia eu me sentir feia, sendo vista por vários estranhos. Não consegui absorver aquela situação, muito menos entender o que estavam falando, porque internamente não compreendi por que eles estavam ali, no meu momento tão íntimo e delicado. Por que não conversaram comigo do lado de fora, enquanto eu estava vestida?

Quando eles saíram, eu, literalmente, me senti sozinha e chorei. Mas, naquele mesmo lugar, contei com técnicos incríveis que transformaram cada sessão de radioterapia em momentos alegres e acolhedores.

Felizmente, as 15 sessões de radioterapia foram bem mais leves e eu não passei por efeitos colaterais, compensando o que já havia vivido de tão ruim com a quimioterapia.

Foram três semanas seguidas, cinco vezes por semana com pausas aos sábados e domingos. O tão esperado momento chegou: acabou o meu tratamento! Que vitória!

Não vivi a emoção de encerrar esse ciclo com o ritual de tocar o sino, sem saber o porquê de não ter feito isso. Mas fiz questão de dançar uma música com as queridas técnicas que me acompanharam durante a radioterapia, simbolizando a alegria de ter vencido mais uma etapa do tratamento. Sim, eu consegui!

Como é importante celebrar cada etapa finalizada. Embora façamos todo o tratamento buscando a cura do câncer, essas celebrações não representam a cura, mas a nossa vitória sobre os desafios que o tratamento nos impõe e a esperança em prol da vida!

Percebi, tempos depois, que, até ali, ninguém tinha me chamado para conversar com outras pacientes. Eu senti falta de uma conversa franca com alguma mulher que tivesse passado pela mesma situação que a minha.

A doença nos deixa no limite de nossa própria fragilidade e vulnerabilidade. Eu estava do outro lado da mesa e sentindo na alma a ausência do olhar amoroso sobre a maior dor que uma pessoa pode passar.

"Eu quero ajudar a mudar isso!"

Nessa jornada, conheci alguns tipos de abandonos. O olhar humano sobre pacientes como eu que causou constrangimentos e a restrição de experiências, como tocar o sino, que não teriam efeitos decisivos na cura da doença, mas poderiam ser fundamentais para a melhor vivência dela. Há alguém do outro lado da mesa que anseia ser visto além da doença!

Foram situações como essas que me levaram ao Enlace.

ENLACE

Foram muitos acontecimentos ao mesmo tempo e creio que o despertar do Enlace veio justamente com uma amiga que, um dia, sem saber, me ajudou com a maior dor de todas que eu estava vivendo:

— Sabe, Mariana? Vai dar tudo certo!

— Jura?

Ela move a cabeça, em sinal positivo, e continua:

— Sim. Quando eu passei por isso, a minha filha tinha a mesma idade que a sua. E você acredita que eu cheguei a tratar mal a minha filha, para que ela não sentisse a minha falta quando eu fosse embora? Imagina…

E, naquele momento, eu me senti compreendida, pois o meu pensamento tão aterrorizador não havia sido só meu.

"Então, pode ser normal ter um pensamento desses?"

Aquilo mudou tudo o que eu estava vivendo. Eu me sentia sozinha no meu maior medo, não contava nada para ninguém; e uma simples conversa despretensiosa com uma amiga, que havia passado pela mesma história, me trouxe luz.

"Como eu posso fazer o mesmo por outras mulheres?"

Esse sentimento começou a nascer em mim.

O Enlace nasceu por essa amiga!

"Quanta gratidão, Senhor!"

No casamento da minha irmã, que aconteceu um tempo depois, meu cabelo já estava dando o ar da graça, baixinho, e eu decidi parar de usar a peruca. Foi um grande evento para mim! Uma superação! Ao me olhar no espelho, eu não me reconhecia mais com ela.

Precisei respeitar o meu medo e, muitas vezes, me esconder no abrigo seguro que foi a peruca, no meu processo, para que, enfim, ele fosse vencido.

Eu amei finalmente me sentir livre; me senti forte, tanto no casamento da minha irmã como naquele momento em que eu raspei o cabelo em família.

Todos esses eventos ainda coincidiram com o resultado de uma ultrassonografia de mamas da minha mãe. Quando ela me enviou seu resultado, foi um choque, pois ela simplesmente apresentou o mesmo problema que o meu.

"Mas não é possível! Apenas quatro meses depois do término do meu tratamento! Não posso acreditar!"

Eu liguei para ela para contar o que eu estava vendo no exame e nós duas choramos por telefone. Então, ela me contou algo:

— Eu sempre orei dizendo a Deus que eu passaria pelo que você estava passando, pedindo para que não fosse com você.

— Mas mãe, onde já se viu orar desse jeito?

Porém, no final da conversa, percebi que eu já era outra pessoa naquele momento e simplesmente disse para ela:

— Mãe, eu já sei o caminho das pedras. Você não está sozinha e a gente sabe o que tem de fazer! Vai dar tudo certo! Descobriu bem no início!

Ela ficou mais calma em saber que toda a sua trajetória seria comigo ao seu lado e, melhor, com toda a bagagem que eu havia acabado de adquirir, o conhecimento sobre toda a jornada do outro lado da mesa.

Apesar de toda dor e todo susto que essa novidade nos trouxe, a perspectiva era bem diferente da minha. Foi então que o Enlace começou a tomar forma.

Um dia, estávamos tomando café e falando justamente sobre tudo isso.

— Eu tenho certeza de que tudo isso não aconteceu à toa, mãe.

— É, eu também acho.

Respiro fundo:

— Imagina, aquela amiga me trazer uma informação sobre seu amor com sua filha, sendo que era o maior dilema que eu estava vivendo sozinha, em segredo. Igualzinha a mim!

Minha mãe fica ouvindo, atenta. E eu compartilho:

— Sabe o que eu tenho vontade, mãe?

— O quê?

— De colocar o meu telefone à disposição de outras mulheres que estão em tratamento do câncer de mama para que elas possam me ligar. Quero ouvi-las, quero contar o que eu aprendi nessa jornada, quero trocar experiências para ajudar no fortalecimento emocional delas; assim como estamos fazendo juntas agora, mãe. Para que ninguém passe por isso sozinha.

Minha mãe dá um sorriso e confessa:

— Eu adoraria pagar um ultrassom para uma mulher que não pode pagar, Mari.

Eu dou um pulo da cadeira:

— É isso, mãe! Vamos fazer alguma coisa!

Minha mãe responde bem alto, toda feliz:

— Vamos!

Naquele momento, já comecei a pensar em tudo: nome do projeto, que eu gostaria que tivesse a conotação de um abraço; logomarca; cores; mensagens; pessoas e tudo mais.

E a conversa se estendeu cheia de animação e ideias, até a primeira *live* do Enlace, que aconteceu alguns dias depois.

— Obrigada, meu Deus! Obrigada!

"Então, essa era a razão de tudo: o Enlace!"

MEU REFÚGIO

Querida prótese capilar, como eu gosto de você! Você foi tão importante para mim! Fez parte do meu processo de entendimento e de aceitação da minha careca. Você sabe que eu não queria ficar careca, tampouco que as outras pessoas me vissem assim.

Com você, eu me senti mais segura e confiante para enfrentar o que estava por vir! Como um caracol que se esconde e se protege em sua casa, assim era a minha relação com você. Tenho muita gratidão pelo tempo em que estivemos unidas. Você vivenciou muitas experiências comigo!

Como eu cuidei de você!

Agora que eu já consigo seguir com os meus cabelos, transformei você em uma obra de arte que enfeita e dá charme à decoração do meu quarto.

Afinal, com você, eu aprendi a ser a protagonista da minha história.

Com admiração,

Mariana

Capítulo 4

RENASCIMENTO PARA UMA NOVA VIDA

"O seu legado é cada vida
que você toca."
Maya Angelou

Enlace

UNIDAS PELA BELEZA DE VIVER

As redes de apoio são fundamentais para o fortalecimento das pacientes oncológicas, além de auxiliar na adaptação ao diagnóstico e aos tratamentos propostos.

Fonte: CAPLETTE-GINGRAS & SAVARD, 2008.

Muitas mulheres com câncer de mama conseguem ter uma vida completa e significativa depois de experimentar uma doença ameaçadora.

Fonte: CAPLETTE-GINGRAS & SAVARD, 2008.

As trocas de experiências e as redes de apoio incentivam o pertencimento, a confiança e o otimismo, sendo impulsionadores para uma melhor vivência no processo terapêutico.

Fonte: KUDJAWU & AGYEMAN-YEBOAH, 2021.

"A minha saúde depende do sentido que eu dou à minha vida. Posso estar doente, posso sofrer, mas se minha vida tem sentido, eu posso transformar este sentimento."

Jean- Yves- Leloul

Mesmo que o objetivo do tratamento seja preservar a vida da paciente, os efeitos colaterais do tratamento e os impactos no emocional não podem ser desprezados, sendo as redes de apoio fundamentais para o fortalecimento das pacientes nesta fase.

Fonte: GROENVOLD, 2010.

A motivação compartilhada baseia-se na interdependência de buscar por ajuda e ajudar, de ouvir e de ser ouvida, no autofortalecimento através do compartilhar de experiências, dificuldades, emoções e sentimentos, proporcionando autoconhecimento, maior engajamento e maior autonomia para viver o processo doloroso do diagnóstico e do tratamento de forma mais leve e confiante.

Mariana Mendes

O bem-estar é uma variável multidimensional importante para mulheres acometidas com câncer, pois ele é resultado da percepção subjetiva da pessoa sobre si e sua saúde. Compreende as dimensões física, psicológica, relações sociais e com o ambiente.

Fonte: FLECK. *et al.*, 2000.

Fontes:

CAPLETTE-GINGRAS, A.; SAVARD, J. Depression in women with metastatic breast câncer: a review of the literature. *Palliative and Supportive Care*, n. 6, v. 4, p. 377-387, dez. 2008.

FLECK, M. *et al.* Aplicação da versão em português do instrumento abreviado de avaliação da qualidade de vida "WHOQOL-brief". *Revista de Saúde Pública*, n. 34, n. 2, p. 178-183, abr. 2000.

GROENVOLD, M. Health-related quality of life in early breast câncer. *Danish medical bulletin*, n. 57, v. 9, set. 2010.

KUDJAWU, S.; AGYEMAN-YEBOAH, J. Experiences of women with breast cancer undergoing chemotherapy: A study at Ho Teaching Hospital, Ghana. *Nursing open*, v. 8, n. 6, p. 3161–3169, nov. 2021.

O NASCIMENTO DO ENLACE

O Enlace nasceu antes mesmo de eu ter me tornado paciente oncológica. Foi este projeto que me fez perceber que o incômodo de uma vida toda, como médica, tinha um propósito de existir.

"Por que os atendimentos frios e automáticos, em alguns lugares em que atuei como profissional, me incomodavam tanto?"

Como tudo na vida, hoje eu compreendo que Deus estava me preparando para o meu propósito maior, para aquilo que daria sentido à minha existência como ser humano.

Chegar ao outro lado da mesa como paciente, aos 37 anos de idade, com uma jornada profissional incomodada pela indiferença de alguns profissionais, fez com que tudo se conectasse ali, naquele momento.

— Então é isso, meu Deus?

O fato de estar do outro lado da mesa foi o ponto em que o Enlace começou a nascer – embora eu só tenha me dado conta disso tempos depois.

"Ao lado da minha mãe!"

A descoberta do propósito de vida não acontece da noite para o dia ou em um único e determinado instante. Existe uma jornada que nos leva até ele e depois, num momento, começamos a perceber que entramos nesse processo.

— É lindo!

Percorrer a trajetória oncológica me fez descobrir a importância de encurtar a distância entre o médico e o paciente.

Existe a necessidade de um acolhimento sem julgamentos e de incentivo para promover mudanças necessárias para continuar a jornada, sem desistir.

Os pacientes que passam por esse processo se tornam frágeis, vulneráveis, cheios de dúvidas e com os sentidos à flor da pele. Durante todo o tratamento, essas pessoas passam por inúmeros exames, consultas, cirurgias, sessões de quimioterapia e radioterapia. É uma jornada pela cura.

Como um corpo em sofrimento se cura sozinho? Não é assim que funciona! Os pacientes precisam ser fortalecidos emocionalmente para que tenham estrutura, motivação e esperança para suportar a dor física e emocional:

— Bom dia, tudo bem? Como você está hoje?

O paciente precisa ser ouvido. E não precisa de julgamento nenhum como resposta.

Depois do momento de escuta, é bem-vindo algo como:

— É uma fase desafiadora e você está fazendo o seu melhor. Eu acredito nisso. Não se cobre tanto, mas saiba que a sua participação é importante. As recomendações são muitas, eu sei, mas tente um pouco a cada dia. Você não está sozinho! Eu estou do seu lado. Conte comigo!

Talvez seja preciso um momento de choro, quando o paciente percebe que está num lugar seguro, sem julgamentos ou acusações – e finalmente libera suas emoções.

Sentimos medo!

Num atendimento com o paciente oncológico – seja durante uma consulta, um exame, um momento pré ou pós-cirúrgico, quimioterapia ou radioterapia – ele deve se sentir acolhido, ouvido, para que possa expressar seus medos, emoções e dúvidas.

A grande verdade é que não é preciso muito para atender bem os pacientes, basta sair do automatismo já tão instaurado na medicina tradicional.

É necessário simplesmente ouvir com atenção, ter empatia no falar e sensibilidade no agir. Percebendo que tem alguém do outro lado da mesa que busca em você, muitas vezes, o incentivo para persistir e reagir aos pensamentos recorrentes que oscilam entre o "eu vou conseguir" e o "eu não vou dar conta".

Ninguém deseja adoecer, então, evite julgamentos no impulso de encontrar a causa para a doença, como:

"O que será que ela fez para adoecer?"

DAS FALTAS ENCONTRADAS

Então, das faltas encontradas por mim durante o meu tratamento, somadas a tudo que já me incomodava, nasceu o Enlace. Dessa forma, Deus me deu a chance de ser a voz engasgada dos pacientes que não conseguem se expressar.

Como, por exemplo, num momento durante o meu tratamento, quando eu fui deslocada da minha unidade de trabalho, sem comunicação prévia.

"*Como assim alguém decidiu isso por mim, sem questionar se isso seria bom ou se dificultaria ainda mais o meu tratamento?*"

Não houve empatia alguma ou consideração pelo momento que eu estava vivendo. Se isso já seria negativo sem eu estar passando pelo câncer, passando por ele, era algo inadmissível.

Ouvir os pacientes e compreender seus momentos, questionamentos, percepções e anseios – bem como de seus familiares – é fundamental para melhorar os modelos de atendimentos.

São eles a base e fonte de dados:

— Como podemos melhorar o seu dia?

— Como podemos melhorar o que você está sentindo?

— Como podemos melhorar as informações para você?

— O que você acha que podemos fazer para que se sinta melhor?

Se essas perguntas básicas já fazem diferença na nossa vida em qualquer contexto, imagina na saúde?

Os familiares também merecem esse cuidado paralelamente, pois são eles o apoio dos pacientes, são eles que vão aguentar o medo, o mau humor, os altos e baixos, e serão o alicerce ou a queda dos que estão adoecidos.

Muitas famílias não têm o equilíbrio necessário para lidar com essa fase, e nós podemos e devemos ajudar, ouvindo, conversando e trazendo informações.

Quanto tempo iremos precisar para que um modelo empático de atendimento seja padronizado em nossa medicina atual?

Eu não sei, mas sei que o Enlace também nasceu para isso: mostrar o outro lado da mesa, aquilo que reverbera nos pacientes. É necessário mudar a rota do modo automático para o modo amoroso, do modo com pressa para o modo ouvinte, do modo robotizado para o modo humano. Simples assim.

SAINDO DO PAPEL DE CUIDADORA

Sair do papel de cuidadora para aceitar ser cuidada foi um grande desafio para mim.

"Que desafio!"

Eu praticamente nasci cuidadora, tinha esse papel no meu instinto, circulando em minhas veias.

Se eu comecei a ajudar minha mãe em casa e adorava cumprir esse papel, imagina a minha dificuldade para sair dele, quase trinta anos depois?

"Como se quebra um padrão desses?"

Eu tive que reconhecer a minha vulnerabilidade, fragilidade, e sair de um lugar de onde nunca pensei que precisaria sair. Eu tive que entender que é necessário buscar o equilíbrio entre dar e receber ajuda.

"Como se recebe ajuda? Eu não sei fazer isso!"

Acredito que tive de trabalhar questões, como merecimento e culpa, dentro de mim. A posição da mulher em nossa sociedade, de modo geral, já é daquela que cuida.

No meu caso, além disso, eu gostava desse papel, era algo natural em mim, como é até hoje.

Por isso, eu tive que me permitir ser cuidada, aceitar ajuda e enfrentar o fato de que eu também tinha momentos de fraqueza, de dor – e não precisava sentir culpa por isso.

Foi um processo interno, longo e constante. Foi difícil reconhecer que eu não tinha o controle de nada, principalmente da minha vida.

VOLTAR AO PAPEL DE CUIDADORA

Apesar do meu processo de aceitar ser cuidada ter sido um desafio constante, a vida logo me chamou de volta para o papel que tanto gostava: o de cuidar.

Foi quando a minha mãe foi diagnosticada com o mesmo câncer que eu, apenas quatro meses após o término do meu tratamento.

"Agora você, mãe? Por que, meu Deus?"

Imagina a situação!

Eu descobri a doença por acaso, num exame de rotina, e entrei num longo e difícil tratamento. Consegui! Porém, em seguida, vejo minha mãe chegando no mesmo ponto de partida.

Se foi difícil?

Muito, mas eu também vi que fui abençoada por passar pelo processo antes dela, pois eu aprendi o caminho das pedras, as dificuldades pelas quais ela passaria, o que tinha de fazer etc. Eu pude oferecer para ela os amparos que me fizeram falta.

Ali, foi como encontrar a justificativa para tudo que eu tinha passado até então.

Estar no papel da cuidadora da minha mãe, nesse sentido, me fez acreditar que minha experiência poderia fortalecê-la e, de certa forma, ser uma esperança para ela durante o seu tratamento.

DOS DOIS LADOS DA MESA

Estar nos dois lados da mesa, como paciente e depois cuidadora, me mostrou que o diagnóstico do câncer parece doer ainda mais quando estamos no papel de cuidadora.

Foi muito importante, para mim, vivenciar o que passei com a minha mãe, pois se antes eu via a minha dor como algo terrível, vi que a dor do outro pode doer ainda mais, pela impotência que carregamos diante daqueles que tanto amamos.

Eu olhava para a minha mãe e pensava sobre como tirar a dor dela, o medo e tudo aquilo que imaginava que ela estava sentindo, porque já sabia como era.

E, então, entendi:

"Eu não posso fazer muita coisa e tenho que aceitar essa impotência, simplesmente ficando ao lado dela."

A sensação de impotência era muito mais forte do que a minha vontade de fazer algo, e isso me fez entender muitas coisas que colaboraram para o nascimento do Enlace: os familiares também precisam de apoio! Precisam de informações e precisam ser ouvidos.

Amar alguém e ver essa pessoa adoecer também nos adoece em algum nível, mas quase ninguém olha para os familiares.

Como filha, médica e paciente oncológica, eu aprendi o que faltava para compreender o cenário dos dois lados da mesa e concluí:

— Não se pode fazer muita coisa além de estar ali, estar presente.

Então, no Enlace, também focamos no cuidado e apoio ao cuidador, tão fundamental.

ENLACE

Eu tenho tanto carinho por esse projeto que, logo no início, comecei a elaborar tudo: o nome, que surgiu de um abraço; e o laço, que representa o câncer.

Para algo tão especial, me recordei de um momento significativo para mim.

No dia da minha primeira cirurgia, ganhei, de algumas amigas, um arranjo de flores, que me trouxe beleza, feminilidade, delicadeza e força. Foi um gesto importante para mim e que mudou aquele momento para melhor.

Esse tipo de gesto permite que a gente renasça de um estado emocional para outro, por isso, levei essa experiência para o Enlace. Para cada mulher que a gente pudesse acolher, sempre que possível, também mandaríamos um arranjo de flores.

Eu fiquei avaliando tudo o que podia usar para situações especiais na jornada das mulheres que iríamos atender. Decidi que seria tudo especial, delicado, com amor e acolhimento – ainda que em gestos simples – e que elas não se sentiriam sozinhas.

Nasceria o Enlace dentro de cada uma delas.

Essa era uma forma de acarinhar a alma de quem estivesse precisando ser ouvida na sua maior dor: a dor de uma morte iminente, de um abandono, de dúvidas, de medo, de ficar careca, sem a mama e tudo mais que pudesse acontecer. Não importa o medo e a dor de cada uma que chegasse até nós, todas elas seriam acolhidas, ouvidas, respeitadas e motivadas.

A PRIMEIRA *LIVE* DO ENLACE

O lançamento do Enlace aconteceu de forma virtual, numa *live*, porque estávamos no auge da pandemia. Foi pouco tempo depois da conversa que eu e minha mãe tivemos, tomando um café da tarde, quando falávamos das nossas experiências e da vontade de ajudar outras mulheres que estivessem passando pela mesma situação.

O engraçado é que nós não sabíamos como fazer uma *live*, mas foi um lançamento muito especial. Minha mãe ainda não havia contado, publicamente, sobre o câncer, somente para algumas pessoas. Ela teve a coragem de se abrir na *live*, mostrando sua dor e a vontade de compartilhar com outras pessoas o desejo de cura e acolhimento,

Foi lindo!

Foi incrível ver a força e o empenho da minha mãe. Nós estávamos unidas no sentimento de ajudar outras mulheres que estivessem passando por tudo aquilo que nós duas já tínhamos passado. Estávamos juntas na mesma dor, na mesma experiência. Eu acredito que essa união nos fortaleceu tanto que permitiu que ela crescesse e transbordasse para outras pessoas.

Foi um processo transformador e continua sendo, pois até hoje eu sinto a força, em nós duas, que reverbera nas demais mulheres e nos familiares que passam pelo Enlace.

— Obrigada, meu Deus!

Então, no dia da *live*, para nossa surpresa, tínhamos 94 pessoas ao vivo, o tempo todo! Foi uma sensação de realização!

"Estamos no caminho certo!"

O RESULTADO

Além das pessoas ao vivo durante a *live*, muitas quiseram colaborar com dinheiro ou de qualquer outra forma. A vontade de ajudar foi chegando de vários lados, algo que nem imaginávamos que poderia acontecer.

Alguém perguntava:

— Olha, minha irmã está com câncer, ela pode participar do Enlace?

— Claro que pode!

Ou:

— Minha vizinha está com a doença, a mãe dela não sabe como ajudar, posso enviar o Instagram do Enlace para elas?

— Deve!

Foram surgindo muitas demandas que nós não tínhamos imaginado. Foram muitas mensagens, tanto de solicitações de apoio quanto de colaboração.

Hoje, o Enlace já tem três anos e tem sido uma benção na vida das pessoas que passam por ele. Ninguém fica de fora, ninguém fica sem resposta, atenção, carinho e acolhimento.

Fazemos reuniões regulares, on-line, tanto com pacientes quanto com familiares, e contamos com uma equipe multiprofissional voluntária, especializada na área oncológica e que transborda o cuidado empático. Algumas voluntárias, inclusive, são pacientes oncológicas. Isso faz a diferença!

Como é importante estarmos próximas de quem nos compreende!

O grupo de apoio incentiva o pertencimento, a confiança e o otimismo, sendo impulsionador para uma melhor vivência no processo terapêutico.

Através das rodas de conversas com trocas de experiências, nos fortalecemos e encontramos ferramentas para sermos protagonistas das nossas histórias. Aprendemos a viver com significado e sentido, mesmo na situação oncológica!

A RESSIGNIFICAÇÃO

Um ano depois, eu resolvi voltar ao mesmo hotel onde havia recebido a confirmação do meu diagnóstico de câncer.

Estava grata por estar viva, por ter superado tudo que havia passado, pela minha família, que esteve ao meu lado o tempo todo, e pelo Enlace, que surgiu de tudo isso.

Eu fui até lá com meu marido, meus filhos, meus pais e meus sogros.

Uma viagem para agradecer!

> *"Não há no mundo exagero mais belo que a gratidão."*
> **Jean de la Bruyère**

Quando vi aquela praia outra vez, a imensidão do mar, e senti aquele mesmo cheiro, tive a oportunidade de ressignificar tudo que tinha vivido até então.

Se no ano anterior, naquele lugar, eu havia passado pelo meu maior medo, recebendo o diagnóstico do câncer, agora eu celebrava a superação de ter vivido uma fase desafiadora com as pessoas que mais amo me dando força e amor.

Eu não caminhei sozinha!

Fiquei um momento a sós para agradecer a Deus e, dando alguns passos com o pé na areia, olhei para o céu:

— Senhor, eu tenho tanto a agradecer, mas também quero pedir que o Enlace seja um abraço para todas as mulheres que chegarem através dele. Esse é o meu sonho a partir de agora e o estou consagrando aqui. Guia-me, inspira os meus passos, por mim, pela minha mãe e por todas as pessoas que o Senhor me permitir ajudar!

Eu tinha sentido falta de algumas coisas durante o meu tratamento e estava pronta para fazer diferente para outras mulheres, por meio do Enlace. Era isso que eu queria e isso se tornou o meu propósito de vida.

Durante a minha caminhada, não descuidei das minhas sessões de terapia. E eu sei que sem elas eu não teria suportado com a mesma serenidade que suportei.

O atendimento psicológico deveria ser considerado algo essencial durante o tratamento, porque as nossas emoções e a qualidade dos nossos pensamentos são afetadas.

Por isso, o Enlace oferece acolhimento emocional às mulheres que passam pelo tratamento do câncer de mama e aos seus familiares.

Lembram o que passou na minha cabeça sobre os meus filhos? Que, de certa forma, eu não deveria tratá-los bem, para eles não sofrerem se eu viesse a faltar? Pois então, esse não era um pensamento negativo só meu, outras mulheres pensavam a mesma coisa – o que é aterrorizador.

Outro pensamento negativo, que me fazia sofrer ainda mais, vinha quando eu olhava para o meu marido, tão jovem, e me ressentia pelo fato dele estar com uma mulher cheia de cicatrizes.

"Ah, meu Deus!"

Felizmente, são pensamentos que não fazem mais parte de mim, mas, no momento que fizeram, eu tive ajuda da terapia para elaborá-los. Escrever sobre isso pode parecer fácil, mas migrar de um pensamento insistente negativo para algo positivo, muitas vezes, é desafiador.

— E quando o pensamento negativo vence?

— Por isso, o Enlace!

TANTOS MEDOS

Os medos que passamos são tantos que não conseguimos colocá-los todos para fora. Há uma espécie de confusão mental, ideias mais negativas do que positivas. O caminho fica escuro, como se não houvesse saída.

"Será que daremos conta?"

Temos medo da morte, medo de perder a mama ou parte dela, medo dos efeitos colaterais do tratamento, medo de não nos reconhecermos mais, medo de nos sentirmos menos mulheres.

Sem dúvida, é um processo intenso que, muitas vezes, precisa de ajuda psicológica ou de um grupo seguro, como o Enlace, para a pessoa ser ouvida e acolhida.

O ENLACE NO DIA A DIA

O Enlace ganhou nome, logotipo, cor, *live* e participantes. Depois começou a ganhar corpo no dia a dia.

Comecei a fazer publicações, postagens, e minha irmã sempre me dizendo:

— Tem que fazer vídeo, Mariana. Tem que aparecer.

— Mas eu não quero aparecer.

— Mas você não quer que o Enlace cresça?

— Eu só quero cuidar das mulheres, não preciso aparecer!

Depois disso, decidi fazer uma *live* com a minha família sobre o Enlace e foi muito significativa. Imagine que meu marido pegou minha fatídica peruca e usou no meio da *live*, fazendo graça do que antes foi tão delicado para todos nós. Isso trouxe leveza para mim e para quem estava assistindo.

É edificante ver aqueles que amamos e que viveram todo o processo ao nosso lado, naquele momento, brincando sobre algo que passamos juntos. Isso me faz lembrar do quanto eu tenho para agradecer!

"É incrível, Senhor, obrigada!"

Meu pai questionou:

— O que vou fazer nessa *live*? Eu nem falo.

Por dentro eu ri, pois sua personalidade é assim e sua presença também.

— Pai, o senhor vai estar lá comigo. Basta estar ao meu lado, como sempre esteve.

Então, ele participou. E fez toda diferença. O mais legal foi que uma das participantes se identificou com a fala do meu pai e enviou mensagem depois para o projeto. E eu mostrei para ele:

— Todos somos importantes, não importa como.

E assim, continuamos a vida do Enlace com gestos que impactam de forma significativa a vida de tantas mulheres e seus familiares. E sempre recebendo indicações como estas:

— Oi, uma amiga me indicou vocês.

— Oi, meu irmão viu a *live* do Enlace ontem. Eu também posso participar?

O QUE ACONTECE DEPOIS DO FIM DO TRATAMENTO?

Durante o tratamento, temos consultas frequentes e podemos esclarecer as dúvidas sobre efeitos colaterais e medicações. Sentimos uma espécie de segurança.

Mas depois que o tratamento acaba é:

— Volte daqui a seis meses, Mariana!

— Seis meses?

Só que nesses seis meses há uma nova vida, novas dúvidas e velhos medos.

A primeira vez em que eu recebi os pedidos de exames de controle, após o tratamento, eu senti um frio na barriga! Uma espécie de medo, uma preocupação em realizar os exames e, novamente, receber uma notícia inesperada.

Aprendi que esse frio na barriga faz parte dessa nova fase. Afinal, a experiência do câncer é desafiadora. Precisamos seguir em frente, com fé em Deus e com confiança no tratamento que fizemos.

Ouço muitas mulheres dizendo que sentem falta de um cuidado após o tratamento. Como se estivessem ainda no meio de um processo, com todas as mudanças acontecendo e sem acompanhamento adequado.

— Como assim, tchau?

Até esse tchau precisa ser ressignificado!

Hoje, o Enlace oferece, inclusive, esse tipo de apoio:

— Acabou o tratamento? Conte conosco! Permaneça por aqui o quanto quiser, o quanto precisar. Ajudamos no processo de retomada para tornar mais leve o desafio de seguir em frente.

São cuidados além da doença, para que consigamos retornar às nossas vidas em suas totalidades, em nossa nova versão.

"Minha missão na vida não é meramente
sobreviver, mas florescer;
e fazer isso com alguma paixão,
alguma compaixão,
algum humor e algum estilo."
Maya Angelou

HISTÓRIAS DO ENLACE

Estar no Enlace me fez enxergar que as minhas queixas eram pequenas perto do que algumas mulheres estavam passando. Foi difícil constatar o quanto o abandono é uma realidade durante o tratamento, em diversas formas, mas todas cruéis e solitárias.

Nesse contexto, evidencia-se a importância dos grupos de apoio, que reúnem recursos diversos para oferecer suporte psicológico e social às pacientes oncológicas.

Por meio de todas as histórias que chegam, eu adquiro mais conhecimento sobre o que essas mulheres vivenciam em suas jornadas; e mais, o Enlace se abre para compreender o que ainda pode fazer:

— Como podemos ajudar?

— Que tipo de informação podemos fornecer?

— O quão amorosos podemos ser, ainda mais para essas pessoas que se sentem abandonadas de tantas formas?

— Como mostrar a elas que se Deus permitiu esse caminho em suas vidas é porque Ele tem um propósito ainda maior para elas, lá na frente?

Além dos problemas que acompanham a doença – como os frequentes exames e consultas, a burocracia dos planos de saúde, o medo da morte, a baixa autoestima – ainda há o abandono por parte das pessoas que mais amamos.

— Somos pacientes e a nossa doença está recebendo atenção, mas e o resto?

Eu tive a benção de ser cuidada por médicos com atitudes humanas e acolhedoras, além de ter um companheiro bastante presente, mas tem paciente que é abandonada. Dói, decepciona!

Isso é real. Por que pouco se fala sobre isso?

O apoio do companheiro e da família tem um aspecto fundamental para a saúde emocional das pacientes oncológicas.

A RECIDIVA

Eu fiz o tratamento proposto e tinha 95% de chance de ficar curada.

Entretanto, depois de dois anos de investigação de controle, todos os exames vieram sem alterações, com exceção da ressonância magnética. Havia suspeita de recidiva.

No mesmo dia, fui submetida à biópsia.

Não estava preparada para começar tudo de novo.

Eu soube o resultado logo após o Natal. Minha médica me ligou e, pela segunda vez, disse:

— Vamos ter que operar, Mariana, não tem jeito.

— De novo?

Alguns segundos de silêncio.

— Eu sinto muito, é uma recidiva – ela diz.

Eu parti para a segunda cirurgia no final do mês de janeiro e o processo foi bem mais difícil que a primeira vez. Sofri muito! Uma grande frustração, uma revolta! Eu fiz tudo o que a ciência garantiu para os meus 95% de cura! Eu não sou 5%!

Em todo o tempo, eu conversava com Deus para tentar entender, aceitar a repetição do maior desafio da minha vida e agir com resiliência e fé.

"O Senhor precisa que eu passe por isso para compreender mais dessas dores, Senhor? É isso?"

Afinal, o Enlace nasceu de tudo isso.

Então, por que eu precisava passar por isso de novo? Dentro de mim, havia uma necessidade profunda de entendimento. Eu precisava de respostas!

A situação foi se complicando até acontecer uma terceira cirurgia:

— Você vai ter que fazer uma cirurgia de emergência, Mariana.

— Como assim?

Silêncio.

— Agora?

Insisto:

— Mas quem vai buscar as crianças?

O médico me olha e, após um breve silêncio, diz:

— Lembra que conversamos sobre alguns riscos na recuperação cirúrgica de uma pele previamente irradiada? Pois é, aconteceu.

Entendi, não tinha jeito. Eu confiava no meu médico e faria tudo o que ele recomendasse. Liguei para os meus pais pedindo ajuda com os meus filhos. Meu marido estava comigo, eu poderia operar em paz.

Foi uma realidade complexa, demorou um bom tempo para eu elaborar internamente tudo aquilo. Fui trabalhando meu psicológico aos poucos.

O ponto positivo é que eu já não tinha mais medo de entrar no centro cirúrgico e do pós-operatório, dos cuidados com os curativos e com os drenos. O contraponto com todo o resto e que me permitia permanecer lutando.

Graças à fisioterapia após a cirurgia, consegui mover o meu braço e realizar as atividades da vida diária, o que me fez ver com mais clareza a importância da fisioterapia oncológica nesses processos.

"Você está sem dor, Mariana. Você está sem dor!"

Eu paro e olho para cima:

— Obrigada, meu Deus!

Eu movimentava os braços, sentindo a liberdade do meu corpo; isso me deixava mais tranquila e recompensada de alguma forma.

Mais uma vez, foi necessário sentir a dor física e precisar do alívio para me conformar com algo, como já havia sido com o cabelo.

Não foi a touca gelada que me fez desistir, mas a dor do nó que havia surgido no couro cabeludo e tinha me feito sofrer de dor.

O PROCESSO COM TRANSPARÊNCIA

Durante todo o meu processo – que não terminou com a terceira cirurgia, mas só com uma quarta – nunca escondi dos meus filhos o que estava vivendo. Por eles serem pequenos, eu contava da forma que eles poderiam compreender.

— Mamãe está dodói.

— Outra vez, mamãe?

— É, mas mamãe vai ficar boa logo.

E eles me beijavam e abraçavam.

Toda vitória durante o tratamento era devidamente celebrada; eu entendi a importância disso.

Se temos que lutar com todas as forças contra tantas dificuldades, celebrar a vitória sobre cada uma delas me dava apoio para a etapa seguinte. E o principal: ter as pessoas que mais amo no mundo ao meu lado. Não há remédio melhor para lutar contra uma doença do que receber o amor daqueles que amamos, sentir a presença deles ao nosso lado, ainda que em silêncio ou sem qualquer atitude.

O simples fato de estar lá é o gesto mais lindo e significativo que se pode ter.

Hoje, o Enlace fala muito sobre isso com os familiares, pois muitos se veem impotentes, tentando descobrir o que podem fazer e eu digo:

— Não é preciso fazer nada! Não se preocupe sobre o que dizer, apenas esteja lá!

Não é preciso muito.

A presença já é tudo!

A FORÇA DO ENLACE

Eu percebo a força desse projeto a cada história que ouço, a cada compartilhar, a cada medo, insegurança, pergunta, desabafo e agradecimento.

O Enlace é o abraço que faltava, o silêncio durante a escuta, o não julgamento, a mão que segura, o gesto que não existia, a presença de quem não ficou.

Cada história que chega tem algo que a gente tira de bom, aprende, agrega e compartilha, passando para frente todo amor e aprendizado para cada mulher que se apresenta.

O Enlace nasceu do zero. Se estamos acertando ou errando, não temos certeza, mas seguimos aprendendo e crescendo. E melhor: compartilhando.

São nas rodas de conversas que temos os nossos melhores termômetros: na participação, num desabafo, nas perguntas, no apoio de uma para com as outras, no choro... E na reunião seguinte, quando todas elas voltam e trazem mais alguém.

Muitas vezes, temos que motivar uma pessoa nova a falar, a se sentir segura e perceber que somos um lugar seguro; mas sempre tem que partir dela, não forçamos nada, apenas a motivamos e a apoiamos.

Tento ser o contraponto. Não dá para ser só um mar de rosas. Não romantizamos a doença, eu também passei por isso:

— Eu entendo você.

No fim, todas se ajudam. Quando uma está mais para baixo, acontece um movimento coletivo das demais a trazer a pessoa para cima outra vez. Cada dia é uma.

Nossa demanda é grande, temos voluntárias que auxiliam nesse cuidado o tempo todo.

Hoje, são em torno de 120 mulheres acolhidas. E ainda estamos nos estruturando para algo maior, porque a necessidade existe. Há muitas mulheres e familiares entrando em contato conosco, pedindo apoio.

Ninguém fica de fora!

Ninguém!

COMO COMEÇA O ENLACE PARA QUEM CHEGA

Quando uma mulher entra no Enlace, ela é acolhida individualmente ou juntamente com o grupo. Compreendemos seu momento e a necessidade de se sentir segura para falar em grupo. Cada uma tem o seu tempo.

Acredito que o que mais faz sucesso no Enlace é o acolhimento. Isso porque é a queixa que mais ouvimos, e o nosso projeto é justamente onde elas recebem o que não receberam antes. Por isso, o Enlace se torna um espaço seguro para elas entrarem em contato com o que sentem e tenham a possibilidade de curar suas feridas internas.

O Enlace nasceu da minha vontade de fazer a diferença na vida de mulheres que passaram pelo que eu passei. Queria que elas não se sentissem sozinhas em suas etapas, que soubesse que havia um lugar para serem acolhidas. Felizmente, esse propósito tem se cumprido e recebido muita gratidão por parte delas.

São muitas as perdas.

Então, no Enlace se ganha! Não é preciso dar nada, apenas compartilhar: o carinho, o afeto, o ouvir e a presença!

A CULPA NÃO É MINHA

Quando eu sofri a recidiva, não estava preparada e me revoltei por dentro:

— Como assim, recidiva?

Questiono o meu médico:

— O senhor falou que eu tinha 95% de chance de cura, Doutor! Como assim, eu tenho recidiva agora?

Ele me olha e não parece perceber a profundidade da minha dor nessa contestação.

Então, responde:

— Existem algumas possibilidades, Mariana. O seu caso não é tão comum, mas também você está acima do peso e precisa ser atleta.

"Mas como assim? Além de ser mãe, profissional, paciente, passar por cirurgias, não conseguir me mover, radioterapia, quimioterapia... eu ainda tenho que ser atleta?"

Eu não aceitei muito bem aquela frase.

Ficava ecoando na minha cabeça:

"Você está acima do peso!"

Isso porque, mesmo sem querer ou pensar, a responsabilidade da recidiva recaiu sobre mim.

Eu estava agindo além das minhas forças para lutar contra a doença. Dei conta de sobreviver, com dois filhos pequenos, um casamento, trabalho e tantas etapas de tratamento.

Meu médico me colocou novamente na tabela de pontuação: a minha chance era de 95% de cura. E pensei:

"Não desejo mais saber dessas tabelas. Eu tenho que acreditar todo dia que tenho 100% chance de estar curada!"

É claro que estar do outro lado da mesa me fez entender que eu tenho responsabilidade sobre a manutenção da minha saúde, participando ativamente da promoção dela.

Busquei me exercitar durante o tratamento, ter momentos de relaxamento e bem-estar, a fim de reduzir a ansiedade e o estresse emocional, físico ou mental, porém, aquele dia foi um desafio para mim, mesmo com todo nível de consciência e maturidade que já tinha.

Saí da sala e chorei, me sentindo culpada por não ter conseguido emagrecer.

Foi um divisor de águas para mim.

"A culpa não é nossa!"

O SINO

Outro ponto que eu trabalhei muito em minhas reflexões foi o bater do sino. Por muito tempo, eu me perguntei:

"Por que você não bateu o sino quando terminou o tratamento, Mariana?"

O ritual do sino simboliza a celebração do término de um ciclo, iniciando uma nova fase. Em alguns serviços médicos, as pacientes que finalizam o tratamento do câncer expressam, por meio das badaladas do sino, uma sensação de vitória, de superação emocional e física, além de gratidão pela experiência adquirida e pelo apoio recebido.

Eu jamais imaginaria que o fato de não ter batido o sino me faria tanta falta. Isso me fez perceber a importância emocional de celebrar o encerramento de ciclos, de superar os efeitos colaterais, de ter gratidão por chegar ao término de mais uma etapa.

Ao fechar ciclos, temos a oportunidade de nos libertar das experiências intensas e desgastantes, como as que vivenciamos no tratamento oncológico, entendendo que aquela foi uma fase necessária para a nossa vida, mas que já cumpriu o seu propósito.

Somos vitoriosas!

— Tem que bater o sino! Bate o sino! Celebre!

Isso é muito reforçado no Enlace.

— Celebre a vida em você. Celebre a força que está em você. Celebre por você mesma!

O sino é uma esperança pela vida!

Quando tocamos, queremos celebrar o término de uma etapa; há esperança, recomeço e encorajamento.

O sino pode ser o som da própria vida falando alto:

— Eu dei conta de chegar até aqui!

O MEU LADO DA MESA AGORA

Vivenciar o outro lado da mesa como paciente certamente me tornou uma médica melhor!

O que tenho para oferecer está muito acima dos rótulos! O meu coração segue em outra direção, em outro nível de acolhimento.

O meu lado da mesa tem amor, acolhimento e esperança, e está aberto para todas as pessoas que eu conseguir acolher. É por isso e para isso que o Enlace nasceu. Foi por isso que a minha trajetória de vida passou pelo câncer. Foi Deus quem colocou esse desafio em minha vida em nome de algo muito maior.

"Eu vivo pela fé. Mesmo quando tudo parece dar errado, eu me alegro em Deus, que é a minha força. E essa alegria independe das circunstâncias"
Mariana Mendes

O AGRADECIMENTO

Sinto a areia sob meus pés. Olho para o céu e inevitavelmente dou um sorriso, ao mesmo tempo que limpo uma lágrima no rosto.

"Eu tenho muito a agradecer, meu Deus!"

Caminho e falo comigo mesma:

— Eu tenho tanto a agradecer! Tanto...

Respiro fundo e reflito sobre tudo que passou:

— Ai, ai...

A experiência da doença me ensinou que não temos controle sobre as circunstâncias das nossas vidas, mesmo tentando viver da forma mais linear possível. O mérito está na maneira como lidamos com as situações que se apresentam a cada dia. Requer uma escolha, uma coragem para adotar uma posição.

Estico os braços para cima e vejo um pequeno siri aparecer num buraco, bem à minha frente. E ele se esconde outra vez.

Eu rio.

Caminho e volto a refletir.

A doença veio para que eu rompesse com a ideia de que estar no controle garante estabilidade e segurança em meus dias. Fui levada a refletir sobre as diversas mudanças pelas quais passei na vida.

Olho para o mar e permaneço um tempo admirando-o e pensando.

Falo em voz alta:

— Que bom que as ondas do mar estão sempre em movimento, se renovando o tempo todo! É certo que assim como elas vêm em nossa direção, elas voltarão para o mar, e assim sucessivamente.

Caminho outra vez e dou alguns passos, de olhos fechados, sentindo a areia fofa afundar a cada passo.

"Obrigada, Senhor, pela minha vida!"

Abro os olhos e me deparo com as ondas outra vez.

Reflito.

As ondas podem até parecer iguais, mas são diferentes. Não dá para surfar a mesma onda duas vezes. Temos a certeza de que elas passam, elas não são as mesmas!

A vida é efêmera, passageira. Precisamos estar atentos para aproveitar, ao máximo, o momento em que vivemos.

Na vida também teremos aflições. Não existe a opção de viver sem elas. A boa notícia é que, assim como os acontecimentos bons da vida passam rapidamente, os dias desafiadores também passarão!

Olho para o céu e pergunto:

— Qual o segredo, então, Senhor?

Balanço a cabeça para cima e para baixo, como se tivesse ouvido Sua resposta e falo sozinha:

— O desafio é integrar os dois lados, e seguir em frente.

Olho para trás, relembrando o exato momento neste lugar, quando recebi pela primeira vez o meu diagnóstico, com meus filhos brincando na areia, construindo grandes castelos. Eles pegavam a areia amolecida, deixando escorrer pelos seus dedos até formar as torres altas.

A confirmação do câncer foi como uma onda do mar que derrubou o castelo, desmoronando meus sonhos e futuro; mas a mesma onda que destruiu o castelo retornou em direção ao mar, cumprindo o seu funcionamento cíclico.

Meus filhos reuniram os aprendizados que tiveram na construção do castelo desmoronado para construir um novo castelo ainda maior.

— Há esperança! Tenha fé!

Que a cada dia possamos reconstruir os nossos castelos de areia, juntando conhecimentos elaborados com as ondas que nos desmoronam, para construirmos fortalezas de vida ainda mais altas e significativas.

Que acrescentemos em nossas areias, esperança, aceitação e encorajamento, para vivermos o desconhecido com fé e otimismo.

Caminho.

Respiro!

— Eu estou viva, Senhor!

"Obrigada!"

CARTA PARA O MEU EU FUTURO

Escrita em 27 de junho de 2022.

Querida Mariana,

Eu inicio esta carta com muita gratidão! Quanta coragem e desprendimento foram necessários para que chegasse, até aqui, à sua melhor versão!

Certamente você não imaginava que, ao dar o primeiro passo em busca de mudanças, você encontraria um caminho tão encantador e de tão grande crescimento.

Após o término do tratamento do câncer de mama, com os cabelos ainda curtinhos, você buscava a liberdade de viver as transformações que você tanto desejava inconscientemente. Hoje, eu consigo entender que foi necessário um processo doloroso para que você fosse capaz de romper com o tradicionalismo e com as aparências formais para dar ouvido ao seu coração e buscar o que sempre sonhou realizar na sua prática diária.

Quando parecia ser o fim da sua vida, você se voltou para dentro de si mesma, como se buscasse um lugar seguro. Uma espécie de mergulho, na própria existência, para conseguir viver o processo de transformação que está acontecendo até hoje.

Você parecia tão engessada e hoje aprendeu até a voar!

Estou surpresa e muito orgulhosa da forma como você viveu este ano! Realmente, você conseguiu entender que ter um objetivo é necessário, principalmente quando se deseja saber aonde chegar. Porém, isso não te limitou a crer que só existe um caminho. Quantas possibilidades de trajetos, cada um com uma paisagem mais linda do que a outra!

Você se permitiu contemplar a caminhada. Apreciar o sol, ver as cores, sentir os aromas, andar descalça, respeitar o limite do seu corpo e entender que só faria sentido atingir o alvo, se a caminhada fosse realmente vivida!

Você surpreendeu a muitos que não entenderam esse movimento tão necessário, porém os encantou com a alegria contagiante de viver a vida como ela se apresenta, e não como se espera.

Sem dúvida, o maior ensinamento que teve foi se permitir! Aceitar os erros, outras formas de agir e de pensar. Você conseguiu destruir conceitos e criou tantos outros.

Ao descobrir a sua essência e o seu real valor, você conseguiu perceber que foi necessária uma forte ventania – um processo difícil e doloroso de doença – para entender que as borboletas, que nos encantam com suas cores vivas, só voam livremente depois de passarem pelo casulo apertado e transformador.

Eu só posso te agradecer pela coragem de dar o primeiro passo e de romper com o que se esperava de você. Quando entendeu que chegou o seu processo de virar borboleta, você ficou apertada no casulo, respeitou essa fase tão importante do processo e aproveitou para fortalecer as suas raízes. Após cuidar das feridas, respeitando a metamorfose necessária, você conseguiu dar lugar a uma vida mais inventiva, leve e de novas possibilidades a cada amanhecer!

Com carinho e admiração,

Mariana

BÔNUS

"Barreiras foram feitas
para serem ultrapassadas;
Obstáculos para serem cruzados;
E caminhos para serem percorridos."
Allen Shelly M.

O MOMENTO MAIS ESPERADO DO TRATAMENTO: TOCAR O SINO!

É assim que diversos serviços médicos celebram o encerramento de um ciclo do tratamento: os pacientes oncológicos tocam o sino para simbolizar o início de uma nova etapa.

O som das badaladas parece terapêutico. É como se despertasse o paciente para uma nova vida e motivasse outros pacientes que estão iniciando o tratamento.

Quando pensamos em processos da vida, o fechamento de um ciclo nos permite ressignificar e dar um novo sentido à própria vida.

Eu não toquei o sino, infelizmente, pois não tinha esse ritual no hospital onde fiz o meu tratamento. Nunca poderia imaginar o quanto isso me faria falta.

Porém, eu celebrei com a minha família esse momento tão esperado!

Cada etapa vivida precisa ser comemorada!

Superamos tantos medos e dores, seguimos em frente apesar de todos os desafios! Somos vitoriosas, sim!

O ato de tocar o sino é simbólico. Não badalamos somente pela cura, badalamos pela vida!

Que o seu coração badale de gratidão por tudo o que você passou e superou!

Vamos juntas?

KINTSUGI

Você conhece a técnica japonesa milenar de restauração de cerâmicas quebradas usando cola com pó de ouro?

As marcas fazem parte da história do objeto e, através da restauração, cada "cicatriz" é valorizada com o ouro.

Através das marcas que ficam na cerâmica, surge um novo design que revela a força da reconstrução da peça e de superação do desafio que causou a quebra em pedaços.

É necessário juntar as peças, assim como é necessário usar a cola! É preciso um esforço para ajustar as rachaduras e um cuidado para fazer a restauração.

A jornada oncológica pode nos despedaçar, mas podemos usar a cola de ouro do autoamor para a nossa restauração.

Que possamos aceitar as nossas histórias, transformando as nossas marcas em um design mais forte, mais valioso e inteiro novamente.

Você é valiosa!

O DIA INTERNACIONAL DA MULHER E A REALIDADE DE UMA PACIENTE ONCOLÓGICA

No Dia Internacional da Mulher, em 2023, recebi uma notícia, jamais esperada, de uma das empresas em que eu trabalho. Talvez uma das operadoras de saúde que mais ganhou notoriedade nos últimos anos.

Desde o início, eu tornei pública a minha jornada oncológica e sempre defendi o acolhimento emocional nessa fase tão desafiadora na vida de uma mulher. Um período de fragilidade física e emocional, no qual precisamos de apoio e valorização.

No final de janeiro de 2023, descobri a recidiva do câncer de mama e fui submetida a uma nova cirurgia. Ao saber que eu precisaria provisoriamente me afastar do trabalho, informei ao meu coordenador responsável o meu diagnóstico e o meu retorno conforme minha evolução clínica.

Contrariando as minhas expectativas, eu tive um pós-operatório delicado, evoluindo com infecção e com a necessidade de uma nova cirurgia no final de fevereiro de 2023.

Na tentativa de "correr contra o tempo", investi, diariamente, na minha reabilitação, para que eu pudesse ter condições de retornar ao trabalho o mais rápido possível.

Na sequência, ao conversar com o mesmo coordenador sobre o meu retorno e confirmar a abertura da minha agenda de exames, fui surpreendida com a informação de que eu tinha sido destituída da minha própria agenda na minha unidade de trabalho e, deliberadamente, fui realocada, sem ser consultada, para uma outra unidade muito distante da minha unidade de origem.

A explicação foi que não poderiam "segurar" mais a minha vaga na unidade em que fui inicialmente contratada. Conseguiram um outro profissional para a minha vaga, porém não conseguiram alguém para me substituir durante minha licença médica (não remunerada).

Causou-me indignação o fato de a destituição acontecer no final da minha licença médica para tratamento oncológico, sem nenhum tipo de comunicação.

Uma espécie de desvalorização do profissional humano que pode adoecer, soando como um desrespeito à vida e à saúde da mulher, que já enfrenta tantos desafios no mercado de trabalho, tendo que lutar pela vida e pela recolocação profissional. No Enlace, conheci relatos sobre as dificuldades do retorno ao mercado de trabalho após o tratamento oncológico.

No dia em que o mundo parabeniza e reconhece o real valor da mulher, sou eu quem recebe a notícia que antes só conhecia de ouvir falar.

Até quando a mulher em tratamento oncológico precisará passar por isso?

DEPOIMENTOS

FABIO MENDES

— Eu vou tomar banho, amor.

A Mari levanta no escuro e eu dou graças a Deus!

Não me movo um milímetro. Finjo estar dormindo.

— Eu vou conseguir!

Fico atento ao barulho, até ela abrir o chuveiro, e acendo a luz.

Olho ao redor do seu travesseiro e solto, sem querer:

— Ai, meu Deus!

Olho para a porta do banheiro, ela não me ouviu, então, começo a pegar os fios de cabelo. Sinto um nó na garganta e seguro o choro.

"É por amor, meu Deus. É por amor. Não quero que ela veja!"

Jogo no lixo ou escondo na parte debaixo do travesseiro, para ela não ver.

— Ai, ai...

Esse, com certeza, foi um dos momentos de maior tristeza para mim durante todo o tratamento: o cabelo dela.

A Mari é minha melhor amiga, sempre foi! E isso começou muito antes da nossa fase mais desafiadora.

A gente começou a namorar cedo. Ambos somos de famílias tradicionais, com toda aquela formalidade de pedir em namoro, pedir em noivado e tudo mais. Fizemos como manda o figurino, namoramos por 11 anos e demoramos a casar porque, na nossa cabeça, tudo precisava ser rigorosamente planejado. Além disso, a Mari passou em medicina no Rio de Janeiro, na época em que eu morava em Santos e ia para São Paulo todos os dias a trabalho.

Nós nos conhecemos na igreja, éramos amigos e depois começamos um relacionamento que nunca terminou.

"Graças a Deus!"

Noivamos exatamente no mesmo ano em que ela entrou em medicina e casamos antes dela se formar, porque senão a gente ia ficar namorando mais uns cinco ou seis anos, pelo menos.

Rio por dentro, quando penso nesse assunto.

Minha família, principalmente, não acreditava que iríamos casar e morar em casas diferentes, uma vez que a sociedade, como um todo, sempre afirmou que os primeiros anos de um casamento são os mais difíceis. Para nós, foi exatamente o contrário.

Justamente porque morávamos longe um do outro, quando estávamos juntos, não queríamos brigar, mas aproveitar ao máximo! E assim foi!

Nossa primeira filha, a Giovana, veio oito anos depois e, em seguida, o Rafa, três anos e meio mais tarde.

Todos dizem que somos muito parecidos, que até o nosso sorriso é igual. O que talvez seja mesmo verdade, porque a Mari é um espelho para mim em muitas coisas. E a recíproca é verdadeira.

Não dá nem para expressar em palavras o que eu senti quando ela teve que enfrentar o câncer, entretanto, posso dizer que enfrentamos isso juntos, como tudo o que vivemos até hoje.

Eu sempre me dediquei bastante ao trabalho e, quando entramos na pandemia, certamente foi a época em que mais trabalhei na vida. Isso porque atuo na área de tecnologia e, apesar de termos ficado na nossa casa no interior, que sempre nos serviu como refúgio, esse período, para mim, foi de correria máxima.

Depois disso, quando voltamos para São Paulo, a Mari estava feliz e disse:

— Vou aproveitar para marcar meus exames. Não fiz ainda!

— Claro, amor!

Como médica, era natural que ela ficasse contente com seu *check-up* de rotina, visando seu bem-estar físico.

Eu fiquei em casa trabalhando. Era próximo ao horário do almoço quando a Mari bateu na porta e entrou. Ela se sentou na cama e começou a olhar para mim. E eu percebi que ela estava chorando.

Virei para a reunião on-line em que estava e pedi licença:

— Um minuto, vou precisar me ausentar!

Fechei a câmera e deixei o microfone no mudo. Virei-me para ela:

— O que aconteceu?

— Eu estou muito preocupada!

— Mas o que aconteceu?

Ela engoliu o choro e me olhou fundo nos olhos:

— Eu fiz todos os exames, mas deu algo suspeito na minha mamografia.

— Hum.

Ela balbuciou:

— Demorou demais. Eu vi que tinha alguma coisa errada. Os médicos vão fazer uma biópsia para descartar um câncer de mama.

Eu fui otimista naquele momento, não acreditei que pudesse ser alguma coisa:

— Não vai ser nada, amor. Vamos fazer, estou com você. Do que você precisa?

Voltei para a conferência e avisei que ia sair.

Ela seguiu desabafando:

— Do jeito que está, eu não sei, Fa. Eu não sinto nada! Como pode?

O fato dela ser médica teve um peso significativo, pois ela compreendia as informações:

— A probabilidade é grande.

Eu respirei fundo e só fiquei ao seu lado.

A biópsia ocorreu nos dias seguintes. Eu a acompanhei e vi o quanto foi sofrido.

E foi durante uma viagem em família, já programada, que ela recebeu a notícia tão temida. Estávamos na praia. Eu estava com as crianças, brincando de construir castelinhos de areia. No horário combinado com a médica, o telefone tocou e ela se afastou alguns metros para falar com a médica.

Passado pouco tempo, ela veio triste, mas sem chorar:

— É, Fa, confirmou, estou com câncer!

— Sério, amor?

Ela assentiu:

— Vou fazer a cirurgia assim que voltar.

— Já?

— É preciso.

Então, nesse momento, eu chorei.

Minha filha perguntou:

— O que foi, papai?

Eu olhei para ela, destruído por dentro:

— Ficará tudo bem, filha. Papai está triste agora, mas vai ficar tudo bem.

Entrei no mar e lá eu chorei muito. Foi uma dor nova para mim.

"Eu não quero perder a Mariana, meu Deus!"

Claro que era preocupante.

"Um câncer de mama confirmado e extenso."

Passamos alguns dias ali e a Mari se mostrou muito forte, aparentemente eu creio que fiquei bem mais baqueado do que ela, que dizia:

— Fa, vamos aproveitar, vamos curtir. Quando a gente voltar para São Paulo, a gente pensa sobre o que vai fazer. Agora não.

"Como se fosse possível!"

Eu pensava na vida dela, na nossa vida e nos nossos filhos.

"O que vai ser de mim aqui, sozinho, se acontecer algo mais grave?"

Foi tudo muito rápido. Logo que voltamos de viagem, ela passou por sua primeira cirurgia. Eu estive com ela o tempo todo: nas consultas, cirurgias e sessões de quimioterapia e radioterapia. Porém, não foi em nenhum desses momentos que vivenciei a parte mais dolorida, mas em casa, nas vulnerabilidades que conhecia sobre ela.

Como não sofrer diante da fragilidade de quem mais amamos? Não tinha como!

A mãe dos meus filhos, minha mulher e minha melhor amiga.

Encho o peito de ar e solto devagar.

"Não é fácil lembrar dessas coisas!"

Embora tudo tenha nos fortalecido e nos transformado em pessoas melhores, a emoção é a mesma. Dói quando se revive. E nos sentimos impotentes!

A Mari sempre teve um cabelo lindo e que eu sempre elogiei. Brincava quando ela ia ao cabeleireiro:

— Você não vai cortar curto, né, amor?

— Não, amor…

E eu provocava, assim que ela voltava:

— Mas você não ia cortar só as pontinhas, Mari?

— Mas foi só as pontinhas.

— Não foi, não.

Ela tinha um cabelão, que eu adorava elogiar. E com o início do tratamento, ela afirmou desde sempre que não queria perdê-lo.

Com isso, ela optou por usar a touca gelada, num processo extremamente desconfortável para ela. O quarto ficava frio e eu ficava olhando a enfermeira molhar o cabelo dela a cada meia hora, para manter a baixa temperatura necessária para o tratamento.

Suspiro:

— O que era aquilo, meu Deus? Um horror ser testemunha do seu esforço!

Eu tentava:

— Mari, você não precisa passar por isso.

Mas ela insistia:

— Eu não vou ficar sem o meu cabelo.

Foi quando nós passamos pelo evento mais simbólico do tratamento.

Eu já pegava seus fios, escondido, e jogava para que ela não visse, entretanto, continuava a apoiar a sua luta para continuar com o cabelo.

Naquele dia, nós estávamos em nossa casa, no interior, e ela subiu para lavar o cabelo – o que só podia fazer uma vez por semana. Porém, nada dela voltar. Eu olhava para cima, chamava e ela não respondia. Então, eu subi e vi que ela estava sentada no chão, no chuveiro.

— O que foi, Mari?

— Eu não consigo desmanchar o nó que fez no meu cabelo.

Eu fico olhando, em silêncio.

Ela pergunta:

— Você me ajuda?

— Claro.

Vi o nó e percebi que estava bem complicado, então, eu desci para avisar as crianças e subi outra vez, com óleo de cozinha, creme, condicionador e até vaselina.

Ficamos horas tentando tirar o nó. Nunca vi nada igual. A Mari estava com dor no couro cabeludo, sensível devido à touca gelada e ao tratamento quimioterápico. Ela ficou desesperada. Para a minha surpresa, quando olhei melhor, percebi que se formaram dois nós.

"Ai meu Deus!"

Ficamos um bom tempo tentando desfazê-los, mas aquilo estava machucando-a, então, eu sugeri:

— Amor, vamos fazer o seguinte. Vamos para São Paulo, a gente tira isso lá, passamos num cabeleireiro. O que você acha?

— Eu não vou sair assim na rua, com esses nós no cabelo.

— Põe um boné ou chapéu.

— Não, eu não vou desse jeito.

Tento de novo:

— Amor, vamos num salão. Seu cabelo é muito fino, de repente estamos piorando tudo com essas tentativas.

— Não. Tenta cortar um pouco, soltando alguns fios do nó.

"Ai, meu Deus! Socorro!"

Eu peguei a tesoura, mas não conseguia mover um dedo. Fiquei paralisado.

Ela falou alto:

— Corta o meu cabelo!

Minha respiração até mudou. Acho que, se bobear, até os dedos tremeram.

Falei, quase num sussurro:

— Meu amor, mas o seu cabelo vai ficar curtinho, tudo bem?

Ela respondeu e chorou ao mesmo tempo:

— Eu só não quero sentir a dor que estou sentindo.

Criei coragem.

Cortei o que deu, mas não consegui desfazer os nós.

— Vamos embora – ela disse.

Não dava mais, não tinha o que fazer.

Senti-me péssimo!

O cabelo tinha um significado enorme para mim e, principalmente, para ela.

Assim que cortei, vi pela primeira vez que, na verdade, a Mari já estava quase sem cabelo. E quando secou o que sobrou, inevitavelmente, ficou com uma aparência de quem estava doente, porque o cabelo ficou ralo, com muitas falhas, expondo o couro cabeludo.

Meu coração foi ficando cada vez mais descompassado, conforme ela se aproximava do espelho.

Eu levantei correndo e saí. Não poderia suportar ela se vendo daquele jeito, mas pude ouvir sua reação:

— Fa, está muito feio. Eu vou ter que raspar.

Soltei o ar que ficou preso no peito, sem que eu pudesse perceber toda a tensão do momento que vivemos ali.

Durante a segunda sessão de quimioterapia, ela estava decidida a raspar o cabelo. Então, a pedido dela, saí para comprar uma máquina de raspar o cabelo

— Hoje à noite, quando chegarmos em casa, faremos uma festa!

Eu não entendi:

— Festa? Para comemorar o que?

Eu estava tenso, angustiado com tudo que tinha passado com o cabelo dela.

Ela explicou:

— Vamos fazer, aqui na nossa sala, um grande salão de beleza.

— Ok.

Entendi o que era, mas não me senti animado. Porém, a Mari demonstrou uma força e criatividade tão surpreendentes que tornaram aquele momento um evento marcante para a família: as crianças cortaram uma parte do cabelo dela, meu sogro e minha sogra, e minha cunhada, por videoconferência. E todo mundo se mantendo firme, sem chorar. Meu filhos acharam o máximo.

Hoje, eu consigo lembrar desse dia com orgulho, mas não foi fácil para mim. O fato de eu esconder seus fios de cabelo caídos, o instante do nó e do corte foram os piores momentos para mim – embora ela tenha sido firme e corajosa.

— É... Ela até passou um batom vermelho.

"Tão bonito!"

Tiramos várias fotos que hoje sobrepõem o símbolo do cabelo, porque, naquele dia, ele se reverteu em força. A Mari é uma fortaleza! A mágica aconteceu! Porque o medo que ela sempre sentiu simplesmente foi embora.

Ela concluiu algo muito maior para ela:

— A dor física me fez compensar a dor da alma, Fa.

— Como assim, amor?

— Meu couro cabeludo estava doendo tanto que eu percebi que a dor da alma ficou menor. Eu tinha que superar o medo de perder o cabelo para eliminar a dor física que estava sentindo. Você entende?

— Não sei, Mari, não sei se consigo entender algo assim.

Depois dela ter ficado totalmente careca, veio com mais uma novidade:

— Fa, só tem uma coisa.

Meu coração até queria sair pela boca.

"Já não foi emoção o suficiente?"

— O quê, amor?

— Eu comprei uma peruca para mim.

Eu ri, mas de alívio:

— Mas você ficou linda careca!

Ela balançou a cabeça para os lados:

— Eu não quero aparecer assim para ninguém. Eu não consigo.

— Tudo bem.

Dos males, o menor!

Ela comprou uma peruca que parecia com o cabelo dela.

Quando ela terminou as sessões de quimioterapia, nós viajamos num fim de semana. Só nós dois. Foi muito gostoso. E, num dado momento, eu pedi:

— Meu amor, posso te pedir uma coisa?

— Pode.

Respirei fundo e tentei ser convincente:

— Que tal você ficar sem a peruca? O hotel está vazio e você está linda sem cabelo. Passa um rímel, lápis, batom…

Ela me interrompeu:

— De jeito nenhum.

Respeitei e seguimos com o que estávamos fazendo:

— Te espero no carro.

Passado um tempinho, ela voltou. Sem cabelo e maquiada:

— Como eu estou?

Respondi com os olhos marejados e, ao mesmo tempo, sorrindo de orelha a orelha:

— Linda! Maravilhosa!

Aquele momento foi inesquecível.

Em seguida, nós nos sentamos na beira de um lago. Eu tirei várias fotos dela de costas, sem cabelo, e mostrei para ela:

— Viu como você ficou bonita, carequinha?

Percebo seu semblante mais leve:

— Ainda não consegui me acostumar.

— Mas logo vai acontecer, amor. Está tudo bem.

A Mari usou aquele recurso até o dia do casamento da sua irmã, quando, então, ela assumiu o cabelinho curto e abandonou a peruca.

Rio comigo mesmo:

— Está lá, no nosso apartamento, até hoje...

Eu costumo ser alto astral, otimista. Não tenho problema em olhar para a peruca. Pego ela para brincar, para assustar meus filhos e todos se divertem. A Mari foi submetida a alguns procedimentos cirúrgicos e todos eles pareciam intermináveis. A primeira cirurgia durou mais de oito horas e meu coração ficou apertado, mesmo sabendo que Deus estava cuidando de tudo e que a Mari estava nas mãos de profissionais competentes.

Como eu queria estar com ela naquele momento, segurando suas mãos, mesmo sabendo que ela estava sedada e dormindo, enquanto Deus operava o milagre na vida dela.

Como isso não era possível, ficava incomodando o anestesista pelo WhatsApp, já que ele estava no centro cirúrgico bem pertinho dessa mulher tão forte e, ao mesmo tempo, tão frágil que precisava de cuidados. Quanta angústia! Chorei muito!

Cada mensagem que chegava, eu vibrava de alegria, porque tudo estava caminhando dentro do planejado e sem intercorrências, mas, a melhor de todas foi quando a mastologista me escreveu dizendo que os linfonodos da

Mari estavam livres e que, posteriormente, o relatório da patologia afirmaria que eles eram negativos. Deus é bom!!!

A partir daquele momento, eu saí do quarto quase que pulando e correndo pelos corredores do hospital, ligando e mandando mensagens para meus sogros e familiares, que também aguardavam ansiosamente por aquela notícia.

Desci para tomar um café e meu corpo inteiro doía, de tão tenso que fiquei até que a notícia chegasse.

Depois de algumas horas, ela chegou no quarto. E, ainda sob efeito da anestesia, abriu aquele sorriso lindo e, com muita alegria, disse que o linfonodo veio negativo! Mais uma vez choramos, dessa vez de alegria. E agradecemos a Deus por tudo.

A fome era grande e logo veio uma canja deliciosa – especialidade da casa. Como foi bom vê-la bem e sorrindo novamente.

As primeiras horas após a cirurgia foram bem desafiadoras, mas nada tirava a alegria pela certeza da cura completa. No dia seguinte, fomos para o conforto da nossa casa iniciar o processo de recuperação, juntamente com os nossos filhos.

Quando a Mari teve a recidiva, foi outro golpe muito duro! Não conseguimos acreditar!

— Meu amor, é só para dar mais emoção aqui nesse negócio. A gente já sabe o que precisa fazer.

Ela me olhou, preocupada:

— Não quero fazer você sofrer de novo!

— O que eu tinha para sofrer eu já sofri. E sobre as crianças, a gente sabe o que tem de fazer.

Apesar de ter sido um novo golpe, foi menos traumático. Claro que foi um ano difícil, porque foi uma cirurgia atrás da outra, com complicações. Contudo, a Mari só foi se fortalecendo.

Ela é um ser humano incrível. Imagina tirar dessa experiência a vontade de preencher todas as falhas que percebeu, durante o seu processo, para outras mulheres?

"Que orgulho!"

O Enlace é um projeto e propósito dela, mas que me deixa feliz em apoiar e estar ao seu lado, porque é assim que ela faz a respeito dos meus projetos também.

Entendo perfeitamente o seu objetivo, o que ela quer com tudo isso e quem ela quer atingir.

"Eu só sou um suporte."

Ela comigo, eu com ela. Sempre! Não dá para ser diferente.

Às vezes, olho para ela e não vejo mais a esposa com quem eu me casei. Isso porque percebo que ela mudou, mas para muito melhor. O perfeccionismo diminuiu, o sofrer por outras pessoas e, principalmente, pelo fato dela querer ter cachorros.

Imagina. Antes, na nossa casa, não pensávamos no assunto:

— Pelo de cachorro na casa? Jamais!

A Mari ficou tão mais aberta para as vulnerabilidades da vida. Foi tanto amadurecimento

E tudo isso se tornou história, aprendizado, força, crescimento, memória afetiva, amor e superação.

A Mari sempre amou cuidar de pessoas! Algo que eu acho incrivelmente natural nela.

Mesmo após essa tempestade em nossas vidas, fico encantado ao vê-la fazendo novos planos. Ela tem sonhado em cuidar não só das mulheres com câncer, mas também dos familiares, por meio do acolhimento, do ouvir, de fazê-los se sentirem valiosos e esperançosos pela vida durante o tratamento.

Ela tem estudado muito para isso. Ela vai além da medicina tradicional. Eu acho isso sensacional, porque se conecta com quem ela é e com a sua realidade da vida.

Respiro fundo e falo comigo mesmo:

— Faz todo sentido. Tem tudo a ver com ela: a nova Mari!

Dentro de todo esse processo foi muito importante para ela o meu ouvir!

Tudo o que a pessoa precisa é isso: ser ouvida! Para mim, ficou muito claro o quanto ela se sentia bem, liberando o que estava sentindo:

— Eu tenho medo de morrer, Fabio.

Silêncio.

— E essa cicatriz?

Silêncio.

— Como eu vou trabalhar depois?

Silêncio.

— E as crianças?

Silêncio.

— E se não sarar?

Silêncio.

— E meus pais?

— Por que Deus me deixou passar por isso?

— E se amanhã eu piorar?

Ela me olha.

Em silêncio, em abraços ou palavras, a resposta para tudo isso sempre foi:

— Eu estou aqui!

VENÚZIA

— Eu não vou perder você, filha!

Respiro fundo e me mantenho imóvel em cima da cama.

Olho para os lados, toco a minha barriga e agradeço a Deus:

— Obrigada, Senhor!

Fecho os olhos e sonho com sua chegada.

— Vai dar tudo certo, filha!

"Mamãe está aqui!"

Isso aconteceu quando eu tinha apenas 23 anos de idade: jovem e sonhadora, mãe de primeira viagem.

Encho o peito, ao me ver nessa lembrança.

"Deu tudo certo! Ela veio!"

Mariana é a minha primeira filha, planejada e esperada.

Talvez Deus tenha me dado um presente tão valioso, que eu tinha mesmo que preservá-lo sobre a cama, num quarto, para que não a perdesse.

O medo foi constante. Eu queria muito ser mãe e quase a perdi. Foi uma gravidez delicada e, nos últimos três meses, eu precisei ficar de repouso absoluto.

"Não importa, deu certo!"

Minha primogênita nasceu de oito meses e já veio meiga e tranquila, embora não tenha dormido praticamente por um ano. Depois, tornou-se uma dorminhoca de primeira.

Ela sempre foi a filha exemplar, certinha, que gostava de cuidar dos irmãos. De alguma forma, eu acho que ela queria cuidar de todo mundo – mesmo quando nem tinha tamanho para isso.

"Perfeccionista!"

Quando meus filhos chegavam da escola, os mais novos iam brincar, como esperado.

Mariana se sentava na mesa:

— O que você vai fazer, filha?

— Tem lição de casa, mãe!

Eu parava em frente a ela:

— Mas já? Não quer descansar primeiro?

— Não, mãe. Quero fazer lição!

E fazia com um sorriso no rosto.

"Como pode?"

Ela tinha apenas oito anos, mas já tinha disciplina e constância de gente grande. Eu não esperava que ela fosse assim, ninguém a cobrava ou estimulava a ser tão ágil e eficiente. Porém, dia após dia, ano após ano, isso nunca mudou.

Foram as melhores notas no primário, no ensino médio, no colegial, até na faculdade.

Em casa, cuidava dos irmãos como se fossem seus filhos, da casa como se fosse sua e dos assuntos escolares como se fossem sua carreira.

Querendo ou não, ela se tornou a minha mão direita e esquerda, porque, naquela fase da vida, eu tinha dois empregos na área da educação.

"Não era fácil!"

Mariana jamais se queixou, parece que ficava satisfeita dessa forma.

Sua adolescência foi tranquila, pois tudo que fazia era com perfeição.

Naquela época, eu me preocupava um pouco com seu jeito perfeitinho de ser.

"Será que isso pode ser demais?"

Quando olho para a trajetória da minha filha, vejo uma linha reta, sem grandes altos e baixos. Por meio de sua disciplina, tudo foi equilibrado e até mesmo previsível.

Estudou, namorou, estudou, casou, estudou, trabalhou. E se tornou mãe!

"E ainda estuda!"

Fora essa sequência harmônica, sempre levou a igreja e sua fé ao pé da letra, participando ativamente, sendo uma pessoa melhor a cada dia.

Eu não gosto muito de falar sobre quando ela adoeceu. Talvez tenha sido um dos piores momentos da minha vida.

Se eu senti medo de perdê-la aos 23 anos de idade, como eu poderia me sentir perto dos 60, assistindo a minha filha lutar pela própria vida?

Respiro fundo e solto o ar devagar.

"Ainda dói quando penso nisso..."

Quando jovem, eu não fiquei de mãos atadas, mas de corpo: me coloquei numa cama e segui as orientações médicas. Orei, vigiei e orei de novo, até ela nascer.

Quando o câncer aconteceu, eu perdi o chão.

"O que eu faço, meu Deus? O que eu faço?"

Eu teria feito qualquer coisa para estar e sofrer no lugar dela.

Mas não tinha nada que eu pudesse fazer.

Então, eu disse a Ele:

— Eu adoeceria por ela, passaria tudo isso por ela, para que a minha filha não precisasse passar por isso, mas ela precisa ser curada, meu Deus!

Ver a minha Mariana adoecer e temer pela própria vida, deixando dois filhos pequenos, me doía de morte.

Ela não sabe, mas eu chorava todos os dias enquanto ela esteve doente. E, por muitas vezes, briguei com Ele:

— Por que ela e não eu?

Na minha cabeça de mãe, deveria ser eu. Ela tinha uma vida inteira pela frente e eu não queria perder a minha filha.

Todos os dias, o choro veio junto com as orações e pedidos de cura.

Depois de vê-la passar por cirurgias, quimioterapias e radioterapias, foi a minha vez de trilhar o seu caminho. Ela disse para mim que já conhecia o "caminho das pedras" e que estaria comigo juntamente com toda a nossa família.

A doença nos uniu ainda mais! Se lá atrás, aos 23 anos, eu tive medo de perdê-la, décadas depois, eu tive pânico. Tanto que, talvez, quase tenha partido para não vê-la partir.

"Antes eu do que ela!"

O meu câncer e o dela foram praticamente iguais, só que, diferentemente do que se pode supor, não me importei tanto assim quando foi comigo. Eu me importei mais quando foi o dela, a dor dela, os seus filhos e a sua luta.

— Por que ela, meu Deus?

Eu não sei quantas vezes eu fiz essa pergunta.

E se até hoje eu não sei a resposta, o que aprendi foi que a dor une, fortalece, ensina e nos leva a patamares mais elevados de nós mesmas, como seres humanos, mães, mulheres e profissionais.

"A gente se reinventa!"

Foi da dor e da indignação da Mariana que o Enlace nasceu.

Um dia, estávamos tomando café da tarde, ao redor da mesa, quando uma conversa despretensiosa aconteceu:

— Ah, mãe, eu queria tanto poder ajudar mulheres que estão passando pela nossa situação. Se foi tão desafiador para nós duas, que contamos com uma boa rede de apoio, imagina para as mulheres que ficam sozinhas, abandonadas?

Eu suspirei e concordei com ela:

— Eu ficaria feliz de pagar um ultrassom para uma mulher que não se visse em condições de pagar pelo exame.

Ela deu um pulo da cadeira:

— Mãe, e se a gente fizer alguma coisa?

— Vamos fazer, filha!

E foi nesse dia que o Enlace nasceu, embora o lançamento tenha sido através de uma *live*, ainda sem experiência, no auge da pandemia, quando nos surpreendemos com o sucesso que fez.

O que chamo de sucesso aqui é o alcance a tantas mulheres que precisavam justamente do que queríamos oferecer:

— Acolhimento, informação, cuidado, uma mão estendida, um abraço!

Minha filha, médica cardiologista, com perfil de cuidadora desde menina, não se viu encaixada num sistema de saúde, nem como profissional, nem como paciente. Assim, conseguiu transformar as faltas que identificou durante a sua formação e o seu tratamento em um modelo que se tornou a sua marca pessoal.

— Eu não gosto de trabalhar assim, mãe. Gosto de ouvir meus pacientes.

Isso nunca mudou.

Então, quando o lado da mesa mudou, de médica a paciente, suas queixas e constatações só se ampliaram.

Seu olhar não foi apenas como médica que almejava outro modelo de medicina, mas de uma paciente fragilizada, vulnerável, com medo de perder a vida.

Embora nunca tenha ficado sozinha e tenha sido apoiada por nós – seus pais, irmãos, marido e filhos –, ela testemunhou o abandono de muitas.

Percebeu que mulheres que recebem o mesmo diagnóstico, muitas vezes, são abandonadas por seus companheiros, maridos, familiares, plano de saúde e, por fim, por sua fé, autoestima, coragem e autoamor.

— Não julgue!

Não é uma trajetória fácil, mas, como tudo na vida, também é algo impermanente e que não dura para sempre.

A Mariana não se viu totalmente dessa maneira, mas sentiu na alma a dor do que via em desconhecidas e até no que imaginava que pudesse ser em outras mulheres que ainda nem sabia que existiam.

Era Deus falando com ela, em sua camada mais profunda.

"Quanto somos moldados por Deus, pela vida, até enxergarmos o nosso propósito? Todos nós temos algo maior a seguir

na vida? Algo que justifique nossa existência, além do nosso olhar humano e tão pequeno?"

Acredito que sim!

Pois se a Mariana havia vivido uma vida inteira equilibrada, certinha e cheia de harmonia, por que ela deveria passar por essa doença?

Eu não conseguia ver sentido no que estava acontecendo com ela.

Só mesmo quando chegamos ao Enlace.

"Tudo fez sentido, afinal!"

A doença dela, a minha e tudo que veio depois.

Não se tratava de uma colheita, mas de um plantio feito por Deus para que pudéssemos chegar onde Ele queria:

— No amor, na generosidade, no dar sem olhar a quem, no dar sem receber e ser inteira nisso.

E assim foi.

O Enlace trouxe várias mulheres que precisavam de nosso abraço, e que depois se tornaram mais braços para abraçar.

Cada detalhe do Enlace foi sonhado e criado pela Mariana: o nome, a cor, o símbolo, as palavras, os convites, as falas, palestras, eventos, flores e tudo mais.

Nada foi por acaso e nada sem sua perfeição, que aliás foi se transformando no decorrer dos últimos anos.

Minha filha percebeu que não precisava ser perfeita, ficou mais leve, aprendeu a viver mais e melhor. Continua meiga, amável, mais madura e forte do que nunca.

As pessoas são apaixonadas por ela, o que é gratificante para mim:

"Acho que fiz certo!"

Como mãe, vivo sempre sobressaltada. Peço saúde para os meus filhos todos os dias.

O papel dos pais é ser o suporte, por isso eu estarei sempre aqui. Quero estar disponível, porque fico realizada com isso.

"A alma do Enlace é a Mariana, eu sou só a retaguarda, fico babando na minha cria."

Hoje, o Enlace está caminhando com as próprias pernas e, a cada dia que passa, eu tenho mais certeza de sua importância.

É assim com muitas das mulheres que chegam. Primeiro, se cuidam através de nós. E depois cuidam através de nós. É uma coisa linda de se ver e eu quero estar nesse projeto até o fim dos meus dias.

Ganhamos um prêmio significativo nesse caminho, que me deixou feliz pela relevância e pelas realizações do Enlace com aquilo que fazemos de melhor: acolhemos, dia após dia, depois do próprio medo pelo qual passamos.

"Quão lindo é transformar a dor em doação?"

Ainda com amor!

Assim, o Enlace vai crescendo.

Assim, o Enlace pulsa.

E abraça!